Georg Blattmann

Radioaktivität

Georg Blattmann

Radioaktivität

Die Erde offenbart ihr Geheimnis

Urachhaus

CIP-Titelaufnahme der Deutschen Bibliothek

Blattmann, Georg

Radioaktivität : d. Erde offenbart ihr Geheimnis / Georg Blattmann. – Stuttgart : Urachhaus, 1988
ISBN 3-87838-583-8

ISBN 3 87838 583 8

Satz und Druck der Offizin Chr. Scheufele, Stuttgart.

Inhalt

O das Neue ... (R. M. Rilke) 7
Weshalb und Wozu 9
Überlebensfragen 11
Die Schwierigkeit der Diskussion 13
Das Urphänomen 16
Tod der Materie 19
Die Erde – ein Samenkorn 23
Sterbehilfe für den Planeten 27
Die Regenbogenschlange 29
Sonnenkraft zum Sterben 33
Das göttliche Weizenkorn 35
Strahlungssiegel 39
Vermächtnis und Vorsorge 44
Wiederbelebung des ersterbenden Erdendaseins 49
Das sensible Chaos 51
Bildekräftefelder 53
Die keimende Christus-Erde 55
Vom Bild und Sinn des Altars 58
Die Rolle Rudolf Steiners 60
Christus in der Physik 63
Erwachen an den Gegenbildern 66

»Was, wenn Verwandlung nicht, ist dein drängender Auftrag?« (R. M. Rilke) 69
Teuflische Versuche auf dem Göttertisch 71
La Disputà del Sacramento 74
Umgang mit dem Bösen 76
Das Doppelantlitz 79
Das Gottesreich und der Atomstaat 82
Mut zum Verzicht 87
Der Fall Majorana 90
Mythos der Verweigerung 95
Schlußendlich 97
Anmerkungen 99
Literatur 104

O das Neue, Freunde, ist nicht dies,
daß Maschinen uns die Hand verdrängen.
Laßt euch nicht beirrn von Übergängen,
bald wird schweigen, wer das »Neue« pries.

Denn das Ganze ist unendlich neuer
als ein Kabel und ein hohes Haus.
Seht, die Sterne sind ein altes Feuer,
und die neuern Feuer löschen aus.

Glaubt nicht, daß die längsten Transmissionen
schon des Künftigen Räder drehn.
Denn Äonen reden mit Äonen.

Mehr, als wir erfuhren, ist geschehn.
Und die Zukunft faßt das Allerfernste
rein in eins mit unserm innern Ernste.

Rainer Maria Rilke

Weshalb und Wozu

Tschernobyl – dieser Name ist seit dem »strahlenden Frühling« von 1986 zum Reizwort geworden. Hat der ukrainische Super-Gau seine Aufgabe als »die pädagogische Katastrophe« (wie man in Genf hoffnungsvoll formulierte) erfüllt? Kam der Weckruf aus dem Osten rechtzeitig, um die Zukunft der Erde vor dem – friedlichen oder kriegerischen – atomaren Holocaust zu bewahren? Eins ist sicher: man spricht seitdem anders über Radioaktivität als vorher. Man kann seit dem Schock von Tschernobyl die Fragen des Atomzeitalters wieder in grundsätzlicher Art aufwerfen. Es ist eine neue Wachheit entstanden, die etwas vom Wesen der Kräfte erfahren will, mit denen wir umgehen. Die Radioaktivität, zum ständigen und unausweichlichen Weggenossen in diesem Jahrhundert geworden, muß sich fragen lassen: Wer bist du eigentlich? Gib Auskunft über dich selbst! Wir müssen ihr mit Erkenntnismut zu Leibe rücken. Auf diesem Feld ist vieles aufzuarbeiten.

Nicht lange nachdem Otto Hahn die erste Atomkernspaltung im Laboratorium geglückt war, nahm das »Projekt ohne Gnade« – so der Titel des Buchs von Stephane Groueff, in dem er über das Manhattan-Projekt, berichtet – seinen unerbittlichen Gang und riß die Wissenschaftler in den Mahlstrom der Kriegs- und Profitmaschinerie hinein. Harold Urey rief zu »einem großen emotionalen und intellektuellen Kreuzzug« auf, um das »große Menschheitsproblem«, das er aufgebrochen sah, zu lösen. Julius Robert Oppenheimer, der als Schlüsselfigur des Manhattan-Projekts von zentraler Warte die Sache, mit der er umging, hautnah erspürte, fand unmittelbar nach gemachter Erfahrung die lapidare Formel: »Wir haben die Arbeit des Teufels getan.« Der hochsensible Geist wußte, was er mit seinen Worten meinte. Es hilft nichts – wir müssen dort wieder ansetzen, wo die Erstlinge gescheitert sind. Wir müssen zu den Anfängen zurückgehen, uns in die Ursprünge vertiefen, die Entdeckungen noch einmal nachvollziehen, um zur Wesenserkenntnis vorzustoßen. Daran führt kein Weg vorbei, wenn jemals souveräne Maßstäbe für künftiges Handeln – und Verzichten – gefunden werden sollen. Der Schicksalsausgleich der Aufarbeitung muß geleistet werden. Die radioaktive Wolke von Tschernobyl hat – wie aufmerksame Beobachter vermerkten – in den ersten Tagen die Figur eines großen Kreuzes über die Landkarte von Europa gezeichnet. Wollte damit etwas ausgesagt sein? War es die Hieroglyphe der Vernichtung, der Annullierung, die sich hier symbolträchtig Bildausdruck schaffte? Man kann das Zeichen auch noch anders lesen.

Mit einem Kreuz streichen wir etwas durch, war für ungültig erklärt sein soll. So gesehen, ist das Kreuz die Rune der Verneinung, des Todes. Aber wir machen, wenn es um eine Wahl geht, ein Kreuz als Votum für das, wofür wir uns entschieden haben. (Der Schreibunkundige macht gar ein Kreuz für seinen Namen als Signatur für die Eigenheit seiner Person.) So gesehen ist das Kreuz die Rune der Bejahung, des gewählten und gewollten Lebens. Als Christus-Zeichen trägt das Kreuz doppelsinnige Bedeutung. Es bezeichnet den Tod des Gottes und ruft als Segenszeichen zugleich seine todüberwindende Lebensstärke herbei. Das Kreuz von Tschernobyl hat uns mit aller Härte die Todesgefahr für Erde und Menschheit vor Augen geführt. Es möge uns – das kann die »weltpädagogische« Sinngebung des Ereignisses sein – darüber hinaus zu erhöhter Wachsamkeit, zu verstärkter Geistesgegenwart aufrufen.

1988 – 50 Jahre nach der ersten Kernspaltung durch Otto Hahn.

Georg Blattmann

Überlebensfragen

Wem brennt es heute und hierzulande nicht auf den Nägeln, Klarheit zu gewinnen über die Fragen, die das »Atomzeitalter« aufwirft? Man spürt: Bei diesen Fragen geht es um Sein oder Nichtsein, es geht um die Zukunft der Menschheit und der Erde. Es ist nicht eine Theorie, um deren Pro und Contra argumentiert wird. Die Einsichten, um die hier zu ringen ist, betreffen unmittelbar die Lebensgrundlagen. Atomfragen sind in ihrem Gesamtumfang und in allen Details Lebensfragen, ja Überlebensfragen. Wir kommen nicht darum herum, uns mit ihnen auseinanderzusetzen. Es gibt kein Vorbei; zu tief sind wir allesamt bereits in die Problematik verstrickt. Es gibt nur ein »Mitten hindurch«. Aber der Weg kann nur gewonnen werden, wenn wir einen klaren Durchblick erwerben. Deshalb suchen wir nach Begriffen, nach Ideen, die uns eine Standortbestimmung ermöglichen, die uns das Spezifische der Situation erhellen, die uns das »atomare Rätsel« auflösen helfen. Jeder einzelne fühlt »tua res agitur« – es geht um deine ureigene Angelegenheit. Du bis gefordert; du mußt mitdenken, um zum Mithandeln gerüstet zu sein.
Hunderttausende marschieren seit Jahrzehnten in die Metropolen, um ihre entschiedene Ablehnung eines atomaren Wettrüstens zu demonstrieren und der sinnlos gewordenen Abschreckungsstrategie ihren Friedenswillen entgegenzustellen.
Hunderttausende versammeln sich immer wieder, um mit dem Gewicht ihrer persönlichen Anwesenheit und unter Einsatz von Leib und Leben sich gegen den Ausbau der atomaren Energietechnik zur Wehr zu setzen.

Diesen Scharen von Überzeugungsstreitern stehen jedoch andere Scharen gegenüber, die den Kampf aufzunehmen bereit sind. Es sind die Hunderttausende von gewählten Volksvertretern, von Genossen etablierter Parteien, von beamteten Staatsdienern, politischen und militärischen Funktionsträgern, die auf die Lehre vom Gleichgewicht des Schreckens einerseits und den Zwang zur Steigerung der Energieproduktion andererseits eingeschworen sind. Es sind aber auch die Hunderttausende von Arbeitenden – vom hochspezialisierten Wissenschaftler über den Ingenieur und Techniker bis zum Fließbandarbeiter, zum Verwaltungsfachmann und zur Bürokraft –, die, lediglich auf Broterwerb bedacht und in redlicher Sorge um den Unterhalt ihrer Familien, mit dem Atom friedlich ihr Geld verdienen (müssen).
Sieht man diese großen Menschenbewegungen einander gegenüberstehen, so verdüstert sich der Horizont des Weltgeschehens. Und wenn es nicht mehr und mehr zu einem blinden Krieg aller gegen alle kommen soll – ja, zu einer unaufhaltsamen Schizophrenie der Menschheit, denn für viele trifft es sogar zu, daß sie gleichzeitig verschiedenen sich bekämpfenden Gruppierungen angehören –, so wird es unabdingbar, daß ein Erkenntnislicht in die bedrohliche Schattenwelt der Atomphysik hereingerufen wird, damit ein Weg aus der Gefahr gefunden werden kann.

Die Schwierigkeit der Diskussion

Bei allen Auseinandersetzungen über Kernenergieprobleme treten stets die gleichen typischen Komplikationen auf, die zwangsläufig zu Mißverständnissen, zu Unsachlichkeit und Fruchtlosigkeit der Diskussion führen, wenn nicht beachtet wird, daß die Thematik vielschichtig ist, und daß man verschiedene Ebenen, auf denen argumentiert werden kann, zu unterscheiden hat.

a) Im Vordergrund steht zumeist die Erörterung der *Sicherheitsfragen.* Während es im militärischen Bereich eigentlich außer allem Zweifel ist, daß die größtmögliche Sicherheit nur dann gewährleistet sein könnte, wenn es überhaupt keine Nuklearwaffen auf der Welt gäbe, gehen auf dem Gebiet der »friedlichen« Reaktortechnik die Meinungen über die Sicherheit weit auseinander. Gutachten von Fachleuten stehen sich in ihren Aussagen diametral gegenüber.
Von einem engagierten Gesprächsteilnehmer wurde einmal gesagt: Wenn die Experten einander widersprechen, fällt die Verantwortung, ein Urteil zu sprechen, den Hausfrauen zu! In der Tat kann es nicht anders sein, als daß, wo die Spezialistenweisheit sich selbst ad absurdum führt, als letzte Instanz der gesunde Menschenverstand aufgerufen ist. Sicher muß auf dem Gebiet der Sicherheitsbelange mit den größten Anstrengungen weitergeforscht werden; und es kann nicht darauf verzichtet werden, daß auf breiter Front immer exaktere Spezialkenntnisse erarbeitet werden. (Auch von seiten einer anthroposophisch orientier-

ten Naturforschung sollte man erwarten, daß noch wesentlich neue Gesichtspunkte beigebracht und Experimentalanordnungen erfunden werden, die Aufschlüsse über die physikalischen, chemischen und biologischen Auswirkungen von natürlicher und künstlicher Radioaktivität liefern können.) Alle wissenschaftlichen Anstrengungen aber sollten darauf abzielen, den Gesamttatbestand so durchschaubar vor Augen zu führen, daß auch der »Laie« sich ein klares Bild von den Verhältnissen machen und sein Handeln danach einrichten kann. Solange dieser Zustand der Eindeutigkeit und Durchsichtigkeit nicht erreicht ist, kann nur die bewährte Regel gelten: In dubio contra rem – im Zweifelsfall dagegen! Das heißt: solange nicht alle begründeten Bedenken ausgeräumt sind, darf verantwortlicherweise nicht weitergehandelt werden. Ein Aufschub, ein »Moratorium« ist einzulegen, bis die Zweifel beseitigt werden können. Alles andere ist, wo es sich um gravierende Einwirkungen auf die Lebens- und Fortpflanzungssphäre handelt, schlichtweg kriminell.

b) Als gewichtiges Argument wird vielfach die *Energieversorgungsfrage* ins Feld geführt. Damit ist ein umfassendes Thema angesprochen, das einer eigenen und eindringlichen Behandlung bedarf. Hier kann nur eine tiefgründige Philosophie der Technik weiterhelfen, wie sie etwa in der ausgezeichneten Untersuchung »Die andere Schöpfung. Technik – ein Schicksal von Mensch und Erde« von Prof. Werner Georg Haverbeck* vorliegt. Die Technik muß als Grundbestandteil des menschlichen Lebens vor dem Hintergrund der gesamten Entwicklungsgeschichte gesehen werden. Nur dann kann das Phänomen des Energiebedarfs in Gegenwart und Zukunft ganzheitlich und damit

* Genaue Angaben über angeführte Bücher siehe jeweils im Literaturverzeichnis.

lebensgerecht eingeordnet werden. Denn eine Entscheidung über Fragen von kosmopolitischem und zugleich welthistorischem Ausmaß kann nicht aus der Emotion des Augenblicks getroffen werden. Das genannte Buch, das man in die Hände eines jeden um die Zeitprobleme besorgten Menschen wünscht, legt ein echtes Fundament für die Beurteilung, indem es sich nicht mit der Kritik begnügt, sondern aus einer durchaus positiven Grundeinstellung zum Wert der Technik zukunftweisende neue Ideen und damit Wege aus der Gefahr aufzeigt.

c) Unabhängig von den beiden erstgenannten Problemkreisen bleibt die Frage *nach dem Wesen* zu behandeln. Ungeachtet dessen, daß diese Frage in der heutigen Naturwissenschaft gar nicht mehr gestellt wird, handelt es sich dabei doch um den eigentlichen Kern der Sache. Denn das Erkenntnisbedürfnis des Menschen kann sich letztlich nicht damit zufriedengeben, Naturkräfte rechnerisch zu erfassen und technisch zu handhaben, sondern es strebt in jedem einzelnen Fall nach einer Wesensbegegnung. Wer bist du? – fragt die Seele des Menschen, wenn sie einer neuen Naturkraft ansichtig wird. Sie will ergründen, was sich hinter einer Erscheinung verbirgt, »wer« in einer Gesetzmäßigkeit Gestalt annimmt, durch eine Kräftewirkung sich äußert. Nur, wenn wir dieses Qualitative, das Wesenhafte und damit Wesentliche, erfassen, können wir eine Beziehung »von Wesen zu Wesen« aufnehmen und damit eine Richtschnur für den Umgang mit dem Naturphänomen gewinnen. Dieser letzteren Fragestellung soll hier nachgegangen werden. Was ist Radioaktivität eigentlich? Was spricht sich darin aus, daß sie im 20. Jahrhundert sich mit solcher Gewalt in das Bewußtsein der Menschen drängt? Welche Erkenntnisse über das Wesen der Materie, ihren Aufbau, ihre Werdegeschichte, ihre Verwandelbarkeit, ihre Zukunft sind heute fällig?

Das Urphänomen

Im Jahr 1912 – nachdem, anschließend an Madame Curies Entdeckung des strahlenden Radiums, die ersten erregenden Kenntnisse über Atomaufbau und Radioaktivität gewonnen waren – schrieb der Naturforscher Otto Lummer: »Was noch vor zehn Jahren von jedem Physiker als die Ausgeburt eines kranken Hirns hingestellt worden wäre, gehört heute zum eisernen Bestand der wissenschaftlichen Tatsachen: Die [vermeintlich] letzten, mechanisch und chemisch unteilbaren kleinsten materiellen Teilchen eines Elementes, die *Atome, ... führen bei den radioaktiven Elementen... [einen] Zertrümmerungs- und Zerfallsprozeß von allein und ohne unser Zutun aus! ... Jedes Atom dieser Elemente ist dem sicheren Untergang geweiht, wie jeder lebende Mensch.«**

Man spürt diesen Sätzen an, welche Erregung darin mitschwingt, ja welches Erschrecken vor dem unvorhersehbar Neuen, das sich der Wissenschaft jener Tage zu enthüllen begann. Das große Erstaunen, welches damals die Geister ergriff, muß man noch einmal nacherlebend mitvollziehen, wenn man sich heute auf die Grundlagen unserer Epoche besinnt. Es ist der Schlüssel zur Erkenntnis des Wesentlichen. Fassen wir dies als methodische Anregung auf! Grundsätzlich ist zu fragen: Welcher Weg führt zum Wesen eines Objektes? Wie kommen wir dazu, das Eigentümliche, das sich in einer Erscheinung ausspricht, zu erfassen? Vor allem für den späteren Betrachter, der nicht selbst an einer Entdeckung beteiligt war, ist diese Fragestellung wichtig. Einerseits hat er

* Vierzig Jahre Kernspaltung.

den genügenden Abstand, um ein sachliches Verhältnis zum Gegenstand der Erkenntnis einzunehmen, andererseits trifft er bereits auf fertige Vorstellungen, die auf der Gewöhnung, vielleicht sogar Abstumpfung beruhen, so daß von daher die klare Sicht auf das Ursprüngliche verstellt wird. Deshalb sollte jeder, der dem eigentlichen Kern einer Sache auf die Spur kommen will, immer wieder von vorn beginnen. Er sollte sich in die Rolle des Entdeckers versetzen, dem aus der allerersten Begegnung mit einem neuen Phänomen eine Wesensbotschaft zukommt. Erstentdecker sind oft in einer gewissen Art hellfühlig für das Wesentliche, mit dem sie es zu tun bekommen. Erscheinungen können beim uranfänglichen Auftreten blitzartig ihr Innerstes offenbaren, um es später unter dem Wust der Sekundärphänomene wieder zu verhüllen. Solche »jungfräulichen« Momente der Erkenntnis gilt es aufzusuchen und für die spätere wissenschaftliche Durchdringung fruchtbar zu machen.

Zurück zu der Bemerkung Otto Lummers: Er vergleicht im ersten Erschrecken den beobachteten Zerfallsvorgang bei den Atomen mit dem menschlichen Sterben. Gibt es also tatsächlich so etwas wie den Tod auch im Bereich der anorganischen Materie? Ist die Stofflichkeit unserer materiellen Welt selbst, die von der wissenschaftlichen Betrachtung bis dahin im Charakter des zeitlos Beständigen gesehen wurde, einer Entwicklung bzw. Degeneration unterworfen, die letztlich in den Niedergang des Sterbens einmündet? Ein schwindelnder Abgrund unverhoffter neuer Weltsicht tut sich auf.

Alles, was man bisher an Veränderungen im Stoffesbereich beobachtet und selbst erwirkt hatte, schien neben diesen neuentdeckten Prozessen fast unbedeutend geworden zu sein. Man kannte die unterschiedlichen Gesichter, die eine Substanz zeigt, wenn sie die verschiedenen Aggregatzustände durchläuft. Man hatte in der Chemie die unerschöpflichen Verwandlungsmöglichkeiten studiert, die durch Lösen und

Fällen, durch Trennen, Verbinden und Legieren in Erscheinung treten. Ja, man hatte es sogar fertiggebracht, durch klug erdachte künstliche Kombination von Elementen Stoffe, die es in der Natur nie gegeben hatte, synthetisch herzustellen. Aber diese ganze Vielfalt des Veränderlichen betraf nur einen relativ äußerlichen Bezirk des stofflichen Seins. Man bewegte sich mit dem chemischen Manipulieren sozusagen nur im Bereich der Schale, während die Kernsubstanz unangetastet blieb. Dort innen glaubte man ein Bleibendes zu wissen, das, unberührt und unverrückbar sich selber gleich, Bestand hat als quasi-ewiges Fundament des Seins.

Dieser Glaube wurde jetzt vehement erschüttert. Das Fundamentale erwies sich plötzlich als veränderliche Größe. Die Grundfeste der Welt erbebte, ja drohte sich in einem Zerrüttungsprozeß aufzulösen und damit der Vergänglichkeit zu verfallen. *Materie stirbt:* Das Gewahrwerden dieser Welttatsache bedeutet eine »kopernikanische Wende« im Natur- und Selbstverständnis der Neuzeit. Ähnlich wie damals, als Kopernikus die seit Ewigkeiten ruhende Erde »aus den Angeln hob« und zu einem durchs All kreisenden Wandler werden ließ, wird heute unserem naiven Daseinsgefühl der sichere Boden entzogen. Wir müssen in Zukunft damit zurechtkommen, nicht nur auf einem bewegten Stern, sondern sogar auf einem sich im Innersten selbst auflösenden Materiegrund zu leben.

Tod der Materie

Mit der Erkenntnis, daß der Materie ein Sterbeprozeß innewohnt, ist auf wissenschaftliche Weise eine Wahrheit ins Bewußtsein getreten, die aus uralter Überlieferung in allen Religionen und Mysterien wohlbekannt war. Man wußte in den Weisheitslehren aller Völker von dem der Schöpfung immanenten Tod. Man sprach davon, daß die Kreatur, seitdem sie aus der Hand göttlicher Schöpfermächte hervorgegangen, mehr und mehr unter den Einfluß von Schwerekräften geraten war, die sie unter das ursprünglich gemeinte kosmische »Niveau« herabzuziehen beginnen. Widersacherische Mächte haben sich in den Schöpfungsprozeß eingemischt, Geister der Finsternis und der Verfestigung, die ihn dem lichten Leben des Ursprungs zu entfremden suchen. Der Krankheitskeim »Sünde« wurde der werdenden Welt eingeimpft. Und in wachsendem Maße verfiel der gottgeschaffene Urstoff den absondernden, verdichtenden Kräften des Niedergangs – wie es sich klassisch in dem griechischen Ausdruck für »Schöpfung«, dem Wort »katabolé« (= Niederschlag), kundgibt. Der gesamte Vorgang der Entstehung einer sichtbaren Welt wird unter dem Bild des festen Niederschlags, der sich aus einer flüssigen Lösung absetzt, geschaut. Am Ende bleibt, »gefällt« und herausgefallen aus dem Urleben, der Bodensatz als erstorbener Endzustand, ganz dem Wirken der kondensierenden, kristallisierenden Schweremächte »verfallen«.

Es ist dieser Weltprozeß des »Falles«, der Sturz in die Schwere, die Dichte und Undurchdringlichkeit, in die kosmische Isolation, den in künstlerischer Genialität Rainer Maria Rilke vor Augen hat, wenn er in seinem Herbstgedicht vom

Fallen der Blätter sich zu der grandiosen Vision aufschwingt: »... und in den Nächten fällt die schwere Erde aus allen Sternen in die Einsamkeit« – und dann unmittelbar fortfährt: »Wir alle fallen...«

Es ist derselbe Prozeß, der bildhaft anschaulich wird im »Periodischen System der Elemente«, wie es in der Chemie seit Anfang dieses Jahrhunderts als vollständige Übersicht über alle möglichen Bausteine unserer materiellen Welt vorliegt. Wenn wir dieses System nicht nur als abstraktes Ordnungsschema auffassen, sondern in seinen Lettern einen Sinnzusammenhang zu lesen versuchen, erscheint es uns als eine großangelegte Schöpfungs-Chronik, in der die Werdestufen des stofflichen Seins festgehalten sind. Die heute nebeneinander existierenden Elementarstoffe stellen zugleich eine Stufenfolge von nacheinander verwirklichten Verdichtungszuständen der Materie dar.* Von den leichtesten und einfach gebauten Elementen (Wasserstoff, Helium usw.) bis zu den kompliziertesten und schwersten (»Schwermetalle«) reihen sich alle ca. 100 Glieder des Systems in einer natürlichen gesetzmäßigen Ordnung auf. Man kann von Stufe zu Stufe die Merkmale der wachsenden »Kondensation« oder »Kompression« verfolgen. Von Periode zu Periode nimmt z.B. der Anteil der »metallischen« Elemente, die durch einen bestimmten Grad innerlich verdichteter Struktur gekennzeichnet sind, gegenüber den lockereren Nichtmetallen zu. Diese Entwicklung geht in rhythmischen (periodischen!) Schüben vor sich, bis schließlich ein Punkt erreicht wird, wo sie sich selbst eine Grenze setzt. Bei den Elementen *Blei* (Nr. 82) und *Wismut* (Nr. 83) wird eine Schwelle erreicht, die nicht ohne weiteres überschritten werden kann, bzw. deren Überschreitung einschneidende Konsequenzen nach sich zieht. Die Elemente

* Vgl. dazu die ausführliche Darstellung in Georg Blattmann: Strahlende Materie.

jenseits dieser Schwelle haben nunmehr ein solches Maß an verdichteter Komplexität erreicht, daß sie sich als nicht mehr stabil erweisen. Sie gehen an ihrer eigenen Schwere zugrunde. Sie zerfallen, »zerbröckeln«, wobei die abgesprengten Fragmente als korpuskulare, die freiwerdende Bindungsenergie als elektromagnetische Strahlen in Erscheinung treten. Das »überschwere« Element verfällt einem Auflösungsprozeß, der sich so lange fortsetzt, bis so viel »abgestorben« oder »verwest« ist, daß der Überrest einen »noch lebensfähigen« Zustand erreicht (etwa die Bleistufe; vgl. die Uran- und Thoriumzerfallsreihen mit stabilem Blei als Endstation der natürlichen radioaktiven Kernumwandlungen) und damit in die Zone der Stabilität zurückgenommen ist.

Man fühlt sich bei der Betrachtung solcher Vorgänge an ein Phänomen aus der Biologie erinnert. Immer wieder hört man von dem Schicksal der Walfische, die durch eine hohe Flutwelle an Land geschwemmt werden und dort elend umkommen – nicht etwa wegen Wassermangels, sondern weil sie durch ihr eigenes Gewicht erdrückt werden. Ein derart massiger Körper kann sich nur im Wasser, unter Einwirkung der Auftriebskräfte, existent halten; ist er der vollen Konsequenz seiner eigenen Gewichtsverhältnisse ausgesetzt, so drückt sich das Wesen selbst den Lebensatem ab. Hier hat die Natur sich selbst eine Grenze gesetzt, die man in Form der sogenannten »Modellgesetze«[1] formulieren und verstehen kann, welche bewirken, daß tatsächlich »die Bäume nicht in den Himmel wachsen«, daß Tierkörperbaupläne nicht ins phantastisch-Beliebige vergrößert werden können. Ganz entsprechende Verhältnisse treffen wir auf dem Feld des Materieaufbaus an. Jenseits der Blei-Wismut-Schwelle setzt der *autogene Tod durch Überschwere* ein. Die »zu tief« gefallenen Elemente »verfallen« dem Sterben; sie zerstrahlen im »radioaktiven« Prozeß. Von Element Nr. 84 (Polonium) an bis Uran (Nr. 92) und den dann folgenden künstlich hergestellten (d.h. gewaltsam und oft nur für Sekundenbruchteile in die Existenz gezwungenen) Transuranen wird der *Tod der Materie* manifest.

Daß diese Todestingierung der gesamten materiellen Schöpfung durch die kosmische Tatsache des »Falles« – eine gehütete Mysterienwahrheit der Eingeweihten – heute zu einem beobachtbaren und rational zu erfassenden wissenschaftlichen Faktum geworden ist: das ist der große Erkenntnisdurchbruch unserer Zeit. Die jetzt anstehende Frage wird sein, wie sich ein solches Wissen um die Todesmysterien sinngebend in ein Gesamtweltbild einordnen läßt und welche Konsequenzen sich daraus für eine Anwendung der neuerkannten Naturkräfte ergeben.[2]

Die Erde – ein Samenkorn

Wenn wir in den radioaktiven Zerfallsprozessen der überschweren Elemente den Vorgang eines *Sterbens im Stoffbereich* erkannt haben, so erhebt sich die Frage, wie diese Erscheinung sinnvoll in das Gesamt-Lebensbild der Erde einzuordnen ist. Was sagt uns die Tatsache des Materietodes über Vergangenheit, Gegenwart und Zukunft unseres Planeten? Die entscheidende Idee, welche diese Rätselfrage unserer Existenz einer Lösung zuführt, hat der Geologe *Walther Cloos* entwickelt. In einem grundlegenden Abriß der erdgeschichtlichen Epochen zeigt er auf, wie im Ablauf der großen »Lebensstufen der Erde«* sich zu den Phasen des Werdens diejenige des Vergehens hinzuordnet. Bei den radioaktiven Mineralien des Urans und Thoriums wird diese Erscheinung deutlich sichtbar. Cloos beschreibt, daß »solche Mineralien, wie das Uranpecherz, der Thorianit, Thorit, Bröggerit, Cleveit..., wenn man sie im Gestein eingewachsen oder als freie Kristalle findet, *äußerlich noch die vollendete Kristallform* [aufweisen], *das Innere dagegen* hat das Aussehen einer *geleeartig* oder pechartig erstarrten Substanz. (Daher auch der Name: Uranpecherz.) Wenn man von solchen ›Kristallen‹ mit Hilfe von Röntgenstrahlen ein Laue-Diagramm des Kristallgitters machen will, so zeigt sich, daß im Innern des ›Kristalles‹ *keine Kristallstruktur mehr vorhanden ist.*«**

»Hier liegt etwas sehr Merkwürdiges vor. Wir haben es mit Mineralien zu tun, die einmal in der Vergangenheit kristallin

* Titel des Buches von Walther Cloos.

** Alle Zitate aus dem genannten Werk von W. Cloos.

waren und durch den in ihnen auftretenden Substanzzerfall, die Radioaktivität, isotrop, das heißt geleeartig oder kolloidal geworden sind. Es liegt also das Bedeutsame vor, daß diese radioaktiven Mineralien, wie alle anderen Mineralien, ursprünglich *aus einem Gelzustand auskristallisierten* – das ist an der äußeren Kristallform der Minerale zu erkennen – *und dann wiederum durch die Radioaktivität in den ursprünglichen Gelzustand zurückverwandelt wurden.«*
Am besten läßt sich dieser eigenartige Vorgang der vor- und rückläufigen Entwicklung am Beispiel der Samenbildung erläutern und verstehen. Hier sehen wir im Kleinen und zeitlich Überschaubaren dieselben Phasen vor uns, die der Stufengang des geologischen Werdens im Großen aufweist.
Jedermann kennt den Zustand, der in der Ausbildung der Samen der vollen Reife vorausgeht und den man »Milchreife« nennt. In diesem Stadium ist die Form der Samenkörner schon fast vollständig vorhanden, aber alles ist noch weich und saftig. Wer würde nicht gerne an die süßen frischen Erbsen denken, die uns als Kindern so gut geschmeckt haben? Oder an die zarten jungen Maiskölbchen, die man sich hin und wieder am Rande eines Feldes zu stibitzen erlaubte? Beim sogenannten Grünkern macht man sich den Milchreifezustand, indem ihm durch ein besonderes Röstverfahren Haltbarkeit verliehen wird, zunutze, den Speisezettel um eine schmackhafte Variante der Getreidekost zu bereichern.
Die milchreifen Samen besitzen noch nicht die Keimfähigkeit, die erst im folgenden Prozeß der Vollausreifung erworben wird. Die Nährsubstanz des Samens, die in Gestalt von Stärke, Eiweiß und Fett dem Keimling beigelagert sein muß, befindet sich noch in einem kolloidalen, »milchigen« Zustand. Auch ist zu bemerken, daß die Samenmasse noch wenig Mineralstoffe enthält.
Während nun in der Wärme der Sommersonne der Reifungsprozeß sich vollendet, trocknet die Samensubstanz aus, die

Stärke und das Eiweiß verfestigen sich und formen sich aus dem geleeartigen Anfangszustand zu Stärkekörnern und Eiweißkristalloiden aus. Gleichzeitig mit diesem »Gerinnen« zum kristallinen Formzustand durchsetzen sie sich reichlich mit Mineralstoffen wie z.B. Kalk, Magnesium, Kalium, Phosphor- und Kieselsäure.

»Man kann diesen Reifevorgang also durchaus als eine Art *Mineralisierung* des Samens bezeichnen. Der Same wird nicht nur stofflich, sondern auch in seiner ganzen inneren Struktur *gesteinsartig* oder erdig... Jeder Same bildet sich eigentlich im Reifungsvorgang *seine eigene kleine Erde,* die ihm dann bei der Keimung die erste Lebensmöglichkeit bietet, bis er den Anschluß an die große Erde gefunden hat.«

Wird nun der ausgereifte Same im Frühjahr ausgesät, so beginnt er zunächst im feuchten Erdreich, Flüssigkeit aufzunehmen und zu quellen. Dabei lockern sich die verfestigten Mineralstrukturen in seinem Inneren wieder auf. Stärke und Eiweißstoffe gehen erneut in einen kolloidalen Zustand über. Dieses Stadium ähnelt der Milchreife, weist aber als Entwicklungsphase in die Zukunft. Ein Tiefpunkt der Formverhärtung ist überschritten, und es kann sich nun über die Brücke des Lösungsvorgangs ein neuer Abschnitt des Lebensaufstiegs im Keimen anbahnen.

Während der weiteren Keimung *zerfällt* die Nährsubstanz des Samenkörpers allmählich (in Wasser, Kohlensäure, Ammoniak und Salze), und dieser Prozeß des Zerfallens und Neuwerdens ist von der Aussendung einer *Strahlung* begleitet. Dieser Zusammenhang wurde erstmals in den zwanziger Jahren dieses Jahrhunderts von dem russischen Forscher Gurwitsch[3] beschrieben, der die sogenannte mitogenetische oder Keimstrahlung entdeckt und durch verschiedene biologische und physikalische Methoden nachgewiesen hat.

»Wir haben also in den Vorgängen, die sich beim Pflanzensamen abspielen zwischen der Milchreife und der späteren Keimung, ein getreues Ebenbild jener anderen Vorgänge, die wir innerhalb des Mineralischen feststellen konnten für die natürlichen radioaktiven Stoffverbindungen.«

Nun ergibt sich die wesentliche und wegweisende Idee zum Verständnis der natürlichen Radioaktivität im Erdorganismus in dem doppelten Bild:

- der Same ist im Kleinen (mikrokosmisch) der »erdige« Mineralisierungszustand der Pflanze;
- *die Erde als Ganzes ist ein riesiger Same* im Weltall (makrokosmisch).

Die Zerfalls- und Strahlungsvorgänge der natürlichen Radioaktivität, die wir heute im Erdkörper beobachten, weisen uns darauf hin, daß dieser Welten-Same im Keimungszustand begriffen ist.

Der Samenkörper des Planeten Erde, der als Ganzes den Tiefpunkt seines Mineralisierungsweges überschritten hat, geht allmählich und unaufhaltsam in Zerfall über – weil und damit die Zukunftsgestalt der »neuen Erde« beginnt zu keimen und zu wachsen.

Dieser Tatsachenzusammenhang ist es, auf den die entscheidenden physikalischen Entdeckungen vom Beginn unseres Jahrhunderts das Bewußtsein der Menschheit aufmerksam machen wollen.

Sterbehilfe für den Planeten

Was würden wir sagen, wenn ein Gärtner, der seinen Samen ausgestreut hat, es nunmehr als seine nächste Aufgabe ansehen wollte, Maßnahmen zu treffen, um die Absterbeprozesse im keimenden Saatgut zu vermehren? Hypothetisch und rein abstrakt gesehen, könnte man auf einen solchen Gedanken verfallen, da der Zerfall untrennbar mit dem Keimungsvorgang verknüpft ist. Praktische Erfahrung und gesunder Sinn aber sagen uns, daß alles daran gesetzt werden muß, die Entfaltung des neuen Lebens zu unterstützen; die begleitenden Abbauerscheinungen stellen sich von selbst ein und können sich selbst überlassen werden.

Was würden wir sagen, wenn ein Naturforscher, der sich mit Schmetterlingen befassen will, meinen würde: Da zugleich mit dem Schlüpfen des Falters die Puppenhülle zerfällt, gelte es, die Abbauprozesse im Cocon zu studieren und nach Möglichkeit zu verstärken, um den Vorgang in den Griff zu kriegen? Wir sehen den Experimentator vor uns: wie mit Scheuklappen auf die Zerfallsfragmente fixiert und ohne Sinn für den Schmetterling, der sich zum Leben erheben will.

Was würden wir schließlich sagen, wenn ein Arzt, der erkannt hat, daß in jedem lebendigen Organismus ständig leise Absterbevorgänge am Werk sind, ein Programm zur künstlichen Konzentration der Abbauenzyme und zur Behandlung des Körpers mit den angereicherten Giftstoffen entwerfen wollte?

Was aber tun wir, wenn wir die natürliche, fein verteilte und zart wirksame Radioaktivität der Erde technisch auswerten; wenn wir die strahlenden Substanzen einheimsen, anreichern, zu neuen unnatürlichen Giften umbrüten und ihren Wirkungsgrad ins Vielfache steigern?

Ist es nicht dies, daß wir einem sterbenden Lebensorganismus sein eigenes latentes Leichengift extrahieren, es isolieren, konzentrieren, um es ihm in multiplizierter Form als Todesserum wieder zu injizieren (und sei es in Stahl verkapselt, in Glas eingeschmolzen oder mit Keramik chemisch emulgiert und so in die »subkutanen« Tiefen von Salzstöcken versenkt)?

Heißt dies nicht, den Tod der Materie in planetarischem Ausmaß befördern? Wollen wir denn einem Stern, unserem Stern Erde, radikale Sterbehilfe leisten, ohne an seine Keimung zu auferstehendem Leben zu denken?

Die Regenbogenschlange

Das Problem, das vorliegt, wenn die radioaktiven Substanzen aus dem natürlichen Zusammenhang herausgelöst und technischer Nutzung zugeführt werden, ist klassisch formuliert worden durch die australischen Ureinwohner. Die Bevölkerung jener Gebiete, in denen die großen Uranvorkommen aufgefunden wurden, wußten über die Besonderheit ihrer Bodenschätze auf eine bildhaft-präzise Weise Bescheid. Sie waren von ihren Schamanen instruiert, daß »dort in dem Berg die Regenbogenschlange wohnt«. So lange sie drinnen an ihrem Ort bleibt, hieß es, ist alles gut; wehe aber, wenn sie herausgelassen wird – sie wird Unheil über die ganze Erde bringen. Man kann sich vorstellen, mit welchen Gefühlen die Eingeborenen den Technikern zusahen, welche mit ihren Baggern kamen und – allen Warnungen zum Trotz – den Berg aufbrachen, um die Uranerze zu schürfen; denn das hieß in der Sprache der Wissenden: das gefürchtete Drachenwesen entfesseln.[4]

In den Diskussionen pro und contra Kernenergie spielt immer wieder die Frage nach dem Unterschied zwischen natürlicher und künstlicher Radioaktivität eine Rolle. Die Befürworter argumentieren regelmäßig, ein solcher Unterschied bestehe nicht, beides sei einwandfrei dasselbe. Die Tatsachen sprechen eine andere Sprache. Der reelle Unterschied, der bei unvoreingenommener Betrachtung nicht zu übersehen ist, kann in dreierlei Richtung festgestellt werden:

1. Die natürliche Radioaktivität finden wir fein verteilt im gesamten Erdorganismus vor. Auch dort, wo in näherer Umgebung von Lagerstätten strahlender Materialien eine gewisse

Verstärkung angetroffen wird, erweist sich die Strahlungsdosis durchaus nicht als lebensfeindlich (vielzitiertes Beispiel: Kerala/Indien). Im Gegenteil. Stätten mit erhöhter natürlicher Strahlung werden seit alter Zeit als besonders gesundheitsförderlich angesehen und medizinisch genutzt (radioaktive Bäder, Inhalationskuren usw.). Die Weleda-Heilmittelbetriebe stellten auf Anregung Rudolf Steiners aus natürlichen Uranverbindungen eine »strahlende« Salbe her, die mit gutem therapeutischem Erfolg angewandt wurde.
Um Radioaktivität technisch nutzen zu können, müssen die in der Natur vorhandenen Materialien konzentriert werden. Man löst die Erze aus ihrem gewachsenen Zusammenhang heraus. Schon damit beginnt der Prozeß der Entfernung vom natürlichen Zustand. Das wäre bei jeder Rohstoffverwertung der Fall, erweist sich aber hier als besonders gravierend, da jede künstliche Erhöhung der Konzentration sofort lebenszerstörende Strahlungsdosen bedingt.
Der Verdichtungsprozeß setzt sich in den Industrieanlagen fort, wo durch verschiedene chemische und physikalische Verfahren ein immer höherer Reinheitsgrad des radioaktiven Materials erzielt wird. Madame Curie hat als Pionierin auf diesem Feld gewirkt: In monatelanger Schwerarbeit hat sie aus Tonnen von Rohmaterial das erste Milligramm Radium isoliert, sich schlimme Verbrennungen und die Anlage zu ihrer Todeskrankheit, dem Blutkrebs, zugezogen. Im amerikanischen Manhattan-Projekt machte dieser Teil den Technikern die größte Mühe; man mußte erst lernen, mit List und Gewalt dem Erdenstoff den nötigen Grad von »Denaturierung« aufzuzwingen. Zuletzt gipfelt bekanntlich der Konzentrationsvorgang darin, daß eine genügende Menge von spaltbarem Material zur »kritischen Masse« geballt und dadurch die – naturfremde und naturwidrige – »Kettenreaktion« ausgelöst wird.

2. Die Materieverwandlung, welche in der Bombe und im Kernreaktor vor sich geht, hat »ansteckende« Wirkung. Stoffe, die von Natur aus keine Veranlagung zur Radioaktivität zeigen, beginnen unter dem gewaltsamen Einfluß der Kettenreaktion ebenfalls zu »strahlen«. Zu den bekannten Urstoffen, aus denen sich die irdische Materie zusammensetzt, entstehen neue, künstliche Abarten, die sogenannten Isotope. Diese Stiefgeschwister der natürlichen Elemente unterscheiden sich chemisch nicht von ihren Artgenossen, nur ihre mit den naturgegebenen Sinnen nicht wahrnehmbare radioaktive Eigenschaft macht sie zu bösartigen Lebensbegleitern. Die lebendigen Organismen nehmen sie arglos wie die natürlichen Stoffe auf, lagern sie ein und sehen sich dann – zu spät – der zersetzenden Wirkung von innen her ausgesetzt.

Durch die jahrzehntelang ausgeführten Atomtests sowie den Betrieb der Reaktoren ist die Situation der irdischen Stoffeswelt gegenüber dem Anfang des Jahrhunderts heute grundsätzlich pervertiert: Zu jedem Element des natürlichen Periodischen Systems gibt es bereits eine ganze Skala von Isotopen; im ganzen sind es über Tausend derartige atomare Mißgeburten.

3. Im Verfolg der atomtechnischen Verfahren treten gänzlich neue Stoffe auf, die über das Spektrum der von Natur aus möglichen Gestalten hinausgehen. Der bekannteste Vertreter ist das Plutonium. Nicht zu Unrecht haben seine Entdecker diesem Kunst Stoff einen infernalischen Namen gegeben. Das Teufelszeug scheint wirklich vom Herrn der Hölle persönlich geboren zu sein. Es ist, wie man sagt, 100000 mal giftiger als Zyankali. Die Halbwertzeit von 24000 Jahren programmiert das Übel praktisch für die Ewigkeit. Bekanntlich gibt es keine absolut dichten Gefäße für diese strahlenden Substanzen.[5] Jedes Gramm, das davon auf der Erde vorhanden ist, ist schon zu viel. In den friedlichen Produktionsstät-

ten der Atomindustrie entsteht die tödliche Substanz Jahr für Jahr im Tonnenmaßstab.
Angesichts dieser Aspekte erscheint es zumindest töricht, den Wesensunterschied von natürlicher und künstlicher Radioaktivität nicht wahrhaben zu wollen. Wenn der Geigerzähler bei allen möglichen Arten von Strahlung immer mit demselben Ticken reagiert, so ist das eine Frage der beschränkten Fähigkeiten von Meßinstrumenten und sagt nichts über das Wesen der Sache aus. Nicht nur für das erkennende Bewußtsein der Menschen, sondern auch für das Lebensganze der Naturreiche besteht ein essentieller Unterschied zwischen der Radioaktivität natürlicher und künstlicher Herkunft. Ein Unterschied, der in seiner Dimension weit jenseits des Vergleichens von Meßdaten angesiedelt ist. Ein Unterschied, der damit zusammenhängt, daß Naturkräfte ihren Charakter grundsätzlich verändern können, sobald sie in die Sphäre des Umgangs mit dem Menschen bzw. der Manipulation durch ihn geraten.

Sonnenkraft zum Sterben

Jeder Same, der in Keimung übergehen soll, braucht die Anregung durch eine Kraft, die den doppelten Vorgang von Absterben und Neuwerden in Gang bringt. Hierfür spielt die Sonneneinwirkung eine entscheidende Rolle. In ihr müssen wir die Auslöserfunktion nach beiden Richtungen erkennen. Wir sind gewohnt, der Sonne die allbelebende Macht zuzuschreiben, die das Wachstumsgeschehen impulsiert, aber es darf nicht übersehen werden, daß der Sonnenstrahlung auch ein tötender Charakter eigen ist, der Lebendiges zum Sterben bringt. Aus eigener Erfahrung kennen wir diese lebensvernichtende Eigenschaft der Sonne; im heißen Sommer (und ganz besonders in den Tropen) müssen wir uns vor der sengenden Glut schützen, die auszehrt und verdorren läßt. Die Sonne hüllt die Erdenwelt in ihre Wärme ein und brütet das zartkeimende Leben aus, zugleich aber »sticht« sie mit ihren Strahlenspeeren und verbrennt unbarmherzig das Schwache oder Überlebte zu Asche. Liebe und Tod sind Nachbarn, ja untrennbare Verwandte im Weltprozeß.

Auch der Same »Erde« bedarf der doppeltgerichteten Anregung, um in die entscheidende Keimungsphase einzutreten. Soll der mineralisierte Planet nicht als toter, versteinerter Einschluß im All der Erstarrung verfallen sein, muß ihm die Kraft zukommen, die alte verhärtete Samenhülle zerfallen und den Sproß seiner zukünftigen Lebensgestalt in Entwicklung gehen zu lassen. Der Initialimpuls dazu kann von nirgendwo anders herrühren als von der kosmischen Sonnengewalt.

So wie die Erde als ganzes in die lebenspendende Strahlen-

hülle des Sonnengestirns, die »Sonnen-Äther-Aura«,[6] aufgenommen ist, so ist sie auch unaufhörlich betroffen von den todbringenden Wirkungen, die der kosmische Umraum in sich birgt. Ohne Unterlaß trifft radioaktive kosmische Strahlung unseren Planeten und trägt auf ihren Bahnen den Tod, das Ver-wesen, in die irdische Lebenswelt.[7]
Dieser äonenlange, ausgewogene und auf die langsame Reife-Evolution abgestimmte Vorgang muß eine Aktualisierung und Verstärkung erfahren in dem Augenblick, wo der Erden-Same sein Vollreifestadium erlangt. Um den Übergang in die künftige Keimentwicklung zu ermöglichen, muß *Tod und Leben* als Konzentrat dem planetarischen Organismus einverleibt werden. Das geschieht, indem der beseelende Geist des Sonnensystems, der göttliche Ich-Funke, den wir mit dem Christus-Namen bezeichnen, selbst in die Erde Einzug hält. Der Samen-Planet wird geimpft mit der Stirb-und-Werde-Essenz, die sich aus der Strahlenfülle der Sonnengewalten herauslöst, verdichtet und individualisiert – und so in einem segnenden Wesensopfer ihre Kraft überträgt.[8]

Das göttliche Weizenkorn

Der Weg dahin geht über die Verleiblichung des Sonnengeistes in einem Erdenmenschen. Es können sich nicht äußerlich die Gestirne vereinigen. Aber es kann der Inbegriff des Sonnenseins als geistige Realität sich in die Hülle einer menschlichen Wesenheit einkörpern. Jesus von Nazareth ist durch die Bedingungen seines Schicksals dazu vorbereitet, Träger dieses Mysteriums zu werden, das heißt: das »Gefäß« zu sein, welches die Sonnen-Befruchtung zuerst in sich fassen und ihr Wirkungsraum im Irdischen geben kann.[9]

Durch drei Jahre – von der Jordantaufe bis zum Tod am Kreuz – lebt der Sonnen-Logos in der Hülle des Menschenleibes und durchglüht sie mit seinem Strahlungsfeuer. Niemals zuvor war ein menschlicher Leib so unmittelbar und absolut der verzehrenden Gottesflamme ausgesetzt. Niemals zuvor wurde eine irdische Körperlichkeit so bis in die letzten Fasern feuerverwandelt. Am Ende dieses Weges ist der Jesus-Leib vollständig vom Sonnengeist geläutert und verklärt. Am Kreuz von Golgatha leuchtet diese Tatsache auf. Jedenfalls hat es naive Volkskunst hellfühlend so gesehen und zur Darstellung gebracht: In ländlichen Gegenden finden wir am Wegrand immer wieder Kruzifixe aufgestellt, bei denen der »Corpus« vergoldet ist. Der sonnengoldene Leib am Kreuzesholz spricht als Hieroglyphe der Weltgeschichte das zentrale Mysterium des Erdenlebens aus. Der römische Hauptmann, der zur Sicherung der Hinrichtungsstätte abkommandiert war, besaß eine hinreichende Unbefangenheit, um diese Schrift der Tatsachen voll zu begreifen. Vor dem Bild des Gekreuzigten wurde ihm klar: Dieser Mensch war wahrhaftig

Gottes Sohn (Markus 15, 39). Er hätte ebensowohl sagen können: Dieser war wirklich der Sonnensohn; sein inneres Wesen stammte aus der Sonne, die Gestirn und Gottheit zugleich ist.

Die Evangelien schildern die entscheidenden Tatbestände sehr genau. Besonders Lukas, der Arzt, verwendet große Sorgfalt darauf, die wesentlichen Vorgänge menschenkundlich verständlich zu machen. Anhand des Geschehens im Garten Gethsemane am Vorabend der Kreuzigung wird präzisiert, daß hier eigentlich bereits der Augenblick gekommen war, wo die irdische Substanz des menschlichen Leibes unter der Strahlengewalt des einwohnenden Sonnenfeuers zu zerfallen drohte. Jesus rang mit dem Tod; er kam in einen Körperzustand, den Lukas mit dem Fachausdruck »Agonie« bezeichnet. Nur unter Aufbietung der konzentriertesten Geisteskraft im Gebet gelingt es, die Struktur der Leiblichkeit willentlich so zusammenzuhalten, daß sie noch als Werkzeug zur Bewältigung der letzten – vorgesehenen und vorgenommenen – Wegstrecke, für den Gang nach Golgatha, taugen kann.[10]

Schließlich, nachdem der Tod des Gekreuzigten eingetreten und der Leichnam alsbald im nahen Felsengrab beigesetzt worden war, wird, so darf man aus dem gesamten Hergang folgern, der Zerfall der Leibessubstanz nunmehr unverzüglich und vollständig eingetreten sein. Alle Stofflichkeit, die an diesem Körper war, ist aufgebrannt, sie zerfällt zu Asche; innerlich aber hat das Wachstum eines neuen Lebens begonnen, das sich – schmetterlingsgleich – in der Auferstehung erhebt. Während der Zeit der scheinbaren Grabesruhe geht im Verborgenen ein für das Erdenganze umwälzender Prozeß vonstatten. Die sonnenverwandelte Stofflichkeit dieses Menschenleibes, die in ihm Substanz gewordene Sonnenstrahlung teilt sich dem Erdenkörper mit. In einem Akt kosmischer Alchimie wird der Aschenrest für den zum Samenkorn gereiften

Planeten zum »fermentum decompositionis«, zum Wirkstoff des Zerfalls – und zugleich zum befeuernden Impuls für neu aufgehendes Leben, zum »fermentum resurrectionis«.
Damit sind wir exakt dort angekommen, wohin Jesus Christus durch seine Selbstaussage vom Weizenkorn weist (Johannes 12). Auf die Frage einiger Neuhinzugekommener, die eine Erklärung über seine Person und seinen Auftrag verlangen, gibt er in einer Bildrede Antwort. Christus gibt Auskunft über sich selbst und spricht vom Weizenkorn, das in die Erde fallen und sterben muß, wenn es Frucht bringen und damit Lebenskraft für die Gesamtheit spenden soll...
Das Weizenkorn, das zum Keimen kommt, überträgt – so sagte eine alte Gärtnerregel – seine Keimkraft auf die Umgebung. Wer z.B. beim Pfropfen dafür sorgen will, daß das Edelreis auf dem Wildling gut angeht, der steckt unten in das aufgespaltene Zweiglein ein Weizenkorn. Wenn nun der Keimungsvorgang im Samen in Gang kommt – und dazu gehört, wie wir gesehen haben, die Trias von Verwesen, Neuwerden und der begleitenden Strahlung –, so wirkt dies impulsierend auf die Nachbarschaft, löst einen Schub von neuer Belebung aus.
Werner Heisenberg, der bekannte Atomphysiker, pflegte zu sagen: seine Wissenschaft erkläre ihm vieles in der Welt, doch keineswegs alles; wenn er nach dem suche, worüber die Physik allein ihm keinen Aufschluß gebe, dann schlage er das Johannes-Evangelium auf.* In diesem Sinn ist es gemeint, wenn hier für die Gewinnung von Einsichten übergeordneter Art die neutestamentliche Heilsgeschichte herangezogen wird. Denn von dem jetzt erreichten Blickpunkt fällt tatsächlich ein neues Licht auf die »Geschichte der Radioaktivität«.
Seit man um die Jahrhundertwende die Phänomene der

* Nach der mündlichen Überlieferung eines Mitarbeiters von Werner Heisenberg.

»strahlenden Materie« entdeckte, hat man ohne weitere tiefgründige Überlegung angenommen, man sei einer Naturerscheinung auf die Spur gekommen, die, wenn auch bislang unbemerkt, zum festen Bestand der gesetzmäßigen Lebensäußerungen der Stoffeswelt gehöre. Man setzte einfach voraus, die Vorgänge, die man nun gewahrte, habe es schon immer in dieser Art gegeben, und dachte nicht daran, daß es sich auch um etwas handeln könne, was erst zu einem gewissen Zeitpunkt neu aufgetreten sei und von da an zu wirken begonnen habe.[11] Diese Auffassung dürfte in der Gegenwart einer Überprüfung bedürftig sein. Der vergleichsweise enge Gesichtskreis der auf Laboratoriumsversuche orientierten physikalischen Betrachtung müßte dazu erweitert werden und die Ergebnisse einer Gesamtschau auf die erd- und geistesgeschichtlichen Zusammenhänge mit aufnehmen.
Welche Konsequenzen ergeben sich für die Atomphysik und die Strahlenforschung, wenn sie darauf Bezug nehmen, daß die Gesetzmäßigkeit des Materiezerfalls (»Halbwertszeiten«) durch einen geistig und physisch sowie zeitlich lokalisierbaren Akt kosmischer »Insemination« in die Erde eingepflanzt wurde? Diese Fragestellung sollte von den Fachleuten aufgegriffen und gründlich durchdacht werden; ohne Zweifel werden sich daraus völlig neue, wesentliche Gesichtspunkte für die Erkenntnis der atomaren Phänomene und den Umgang, den wir mit ihnen pflegen sollten, ergeben.[12]

Strahlungssiegel

Das leere Grab von Golgatha kann für unser heutiges Bewußtsein zum zentralen Offenbarungszeichen der Weltgeschichte werden. Lesen wir die Rune dieser bildhaften Tatsachenschrift richtig, so gewinnen wir einen Schlüssel für die Welterkenntnis bis in die Spezialgebiete der Einzelwissenschaften hinein.

Die christlichen Urkunden berichten von den Begegnungen mit dem Auferstandenen. Er erscheint den Menschen in der neuen, verklärten Leiblichkeit, die lichthaft den Keimzustand der verwandelten Erdmaterie vor Augen führt. Den Hintergrund dazu bildet das verlassene Felsengrab, über das die Evangelien nicht mehr aussagen, als daß es eben »leer« vorgefunden wird; daß der zu Asche zerfallene Leib dort nicht mehr anzutreffen ist (Engel bekräftigen dies); daß nur die Tücher, in welche der Leichnam eingebunden war, noch zurückgeblieben sind. Der Anwesenheit dieser Hüllen kommt ein besonderer Beweischarakter für das vonstatten Gegangene zu. Von dem Jünger Johannes, der sich selbst als bewußter Zeuge für die Wahrheit des Geschilderten verbürgt, wird erzählt, daß er in das leere Grab hineinschaute, die Tücher dort erblickte – »und sah und glaubte« (Johannes 20). Läßt sich das Rätsel, das durch diese lapidaren Worte angedeutet ist, lösen?

Im Reliquienschatz der römisch-katholischen Kirche befindet sich ein besonderes Wertstück, das als »Turiner Grablinnen« bezeichnet wird und durch die Jahrhunderte höchste Verehrung genoß. Auf diesem Tuch ist die Abbildung eines menschlichen Körpers zu sehen, Vorder- und Rückenansicht

auf getrennten Bahnen; der Leib ist ausgestreckt; die Arme sind vorn überkreuzt und Wundmale an den für eine Kreuzigung bezeichnenden Stellen sichtbar. Alles ist zart aber deutlich zu erkennen durch Verfärbung und Fleckung des Stoffes, in der Art, daß das Bild wie eine Negativ-Wiedergabe erscheint. Die Faszination, die von diesem einzigartigen Dokument ausgeht, hat sich, seit es in unserem Jahrhundert möglich wurde, es zu photographieren, noch beträchtlich erhöht. Jetzt kann man auf dem photographischen Negativ eine Positiv-Ansicht des abgebildeten Leibes vor sich sehen. Und zahllosen Betrachtern sind die sprechenden Züge des leidenden, aber von Milde und friedvoller Ruhe erfüllten Antlitzes, die da aufscheinen, zum Gegenstand ehrfürchtiger Meditation geworden.
Trotz aller Bemühungen der Forscher ist es nicht gelungen, die Herkunft und Tradition des heute in Turin bewahrten Tuches historisch lückenlos aufzuhellen. Das gehört wohl zu den Merkmalen, die der christlichen Überlieferung durchgehend anhaften und sogar notwendigerweise eigen sein müssen. Denn das Christus-Erlebnis will von der Menschenseele auf innere Weise ergriffen sein und muß deshalb unabhängig von äußeren geschichtlichen Fakten erfaßt werden. Dies schließt jedoch nicht aus, daß wir von den überlieferten Tatsachen Wichtiges für die Erkenntnis der Umstände des Christuslebens lernen.
Folgen wir zunächst der Argumentation der Historiker so weit, daß wir es nicht für ausgeschlossen halten, das Turiner Tuch könne als Grablinnen bei einer Bestattung in Palästina um die Zeitwende gedient haben, so bleibt die weitere Frage zu beantworten, auf welche Weise die Abbildung auf den Leinenstoff gekommen sein kann.* Die Geschichte der Forschungen, die angestellt wurden, um Licht in dieses Geheim-

* Siehe z.B. Jan Wilson: Eine Spur von Jesus.

nis zu bringen, liest sich wie ein spannender wissenschaftlich-kriminalistischer Roman. Alle möglichen Fachdisziplinen, von der Kunstgeschichte bis zur Medizin, von der chemisch-technischen Faser- und Pigmentforschung bis zur Röntgendiagnostik, Spektroskopie und kriminologischen Spurensicherung haben sich um den Problemkreis versammelt und ihre gelehrsame Akribie in den Dienst der zu klärenden Frage gestellt, ohne doch zu einer eindeutigen Lösung zu kommen – bis in jüngster Zeit aus einer unvermuteten Richtung überraschend ein Ansatz erfolgte, der eine Aufhellung des Rätsels verspricht.

Amerikanische Wissenschaftler, die sich 1973 erneut mit der Sache befaßten, trafen sich ausgerechnet in Albuquerque (Neu-Mexico), keine zwei Autostunden von Alamogordo entfernt, wo 1945 der erste Atombombenversuch stattgefunden hatte, zu einer abschließenden Konferenz. War es nur die örtliche Nachbarschaft, die sie inspirierte? Wurde bei den Versammelten der aktuelle Kenntnisstand der Atomphysik zu einem Organ der Wahrheitsfindung, wie es die Wissenschaften, die sich an die »voratomaren« Grundlagen hielten, noch nicht aufweisen konnten?

Nach allen vorausgegangenen Erwägungen über die Möglichkeiten, wie ein toter Körper, im Grab liegend, derartige Einwirkungen, die am ehesten Versengungen gleichen, auf ein ihn umhüllendes Tuch hervorbringen könne, ergab sich den Physikern der Gedanke, daß es »eine Art thermonuklearer Strahlenblitz«, jedoch von kontrollierter und sozusagen »sanfter« Gewalt, eine hochintensive Strahlung von kurzer Dauer gewesen sein könne, welche das Bild dem Linnen aufgebrannt habe. In die hypothetische Vorstellung einer solchen »Strahlenblitz-Photolysis« ordnen sich alle Eigentümlichkeiten der vorliegenden Abbildung sinnvoll ein, so etwa die Tatsache, daß der Vorgang nur auf die oberste Oberfläche der Fasern eingewirkt hat, daß eine deutliche Gerichtetheit der bildschaffenden Kraft nach oben und unten ersichtlich ist, daß das Blut in seiner Materialität sich offenbar im Strahlungsgeschehen aufgelöst hat, so daß keine Blutflecken im stofflich-chemischen Sinn auf dem Tuch erhalten sind, sondern die Blutspuren nur als reine Abbilder erscheinen. Usw. Man bezog in die Überlegung die Beobachtungen ein, welche in Hiroshima nach dem Abwurf der Atombombe gemacht worden waren: Es hatte dort der Strahlenblitz der Bombe – »heller als tausend Sonnen« – eingesengte Abdrücke von Schatten auf Mauern hinterlassen, die deutlich den schattenwerfenden Gegenstand, u. a. sogar menschliche Profile, abbilden.

War es, so dachten die Forscher weiter, »eine Manifestation« der *Sonnen-Energie*, die in Jesus während seiner drei Christus-Jahre lebte und durch ihn wirkte, »dieser Kraft, die bei seiner Verklärung zum Ausdruck kam – dem außerordentlichen Ereignis«, bei dem schon während seines Körperlebens für einen herausgehobenen Augenblick »das Aussehen Jesu sich veränderte und sein Antlitz strahlte wie die Sonne und seine Gewänder leuchtend weiß wurden wie das Licht« (Wilson)? Kommt diese Kraft nun im Todesaugenblick in reiner Stärke zum Durchbruch, um durch Zerfall und Sonnenblitz die Initial-Zündung für die Keim-Verwandlung des Erdenleibes zu geben? So daß Jan Wilson zusammenfassend sagen kann: »In der Dunkelheit des Grabes von Jerusalem lag der tote Leib Jesu, ungewaschen, mit Blut bedeckt, auf einer Steinplatte. Plötzlich bricht eine geheimnisvolle Kraft aus ihm hervor. In diesem Moment entmaterialisiert sich das Blut, vielleicht durch den Strahlenblitz aufgelöst, während sein Bild und das des Leibes sich unauslöschlich in das Grabtuch einbrennen, der Nachwelt buchstäblich eine ›Momentaufnahme‹ von der Auferstehung hinterlassend.«

Ist es die Aufgabe des Turiner Tuchs in unseren Tagen, in dem

Jahrhundert mit dem Bewußtsein eines »Atomzeitalters«, das menschliche Denken herauszufordern, daß es einen neuen Schritt tut im Begreifen des Zeitenwende-Geheimnisses?

Vermächtnis und Vorsorge

In dem großen Drama der Erdgeschichte, das durch das Ostereignis seine Achse zwischen vergangener und zukünftiger Entwicklung erhält, kommt dem *Gründonnerstagsgeschehen* eine entscheidende Bedeutung zu. Bevor durch den Gottestod auf Golgatha, durch die Grablegung und die Auferstehung der Stirb-und-Werde-Keim dem Planeten eingepflanzt wird, muß vorgesorgt werden, daß die Menschheit für die Zukunft imstande ist, den göttlichen Impuls aufzugreifen, sich zu eigen zu machen und durch aktiven Einsatz weiterzutragen und »fortzupflanzen«. Das Kommende muß verankert sein, ehe das Gewesene stirbt. Und so versammelt Christus die Jünger am Vorabend seines Todes, um ihnen sein »Testament« als Vermächtnis für die Zukunft zu übergeben: Er stiftet den *Ritus des Abendmahls.* Dieses »Sakrament« soll die für den kommenden Äon verbindliche Weise sein, wie Christus sich im Erdenwesen – die Materie zu Leib und Blut umbildend – unablässig inkarnieren will.

Weizenbrot und Traubensaft sind die auserwählten Stoffe, die unter allen irdischen Materialien am unmittelbarsten geeignet sind für die Einwohnung des Göttlichen. Von Natur aus sind die Weizenpflanze und die Weinrebe mit der Eigentümlichkeit begabt, Sonnenlicht und Erdenfestigkeit in besonderer Art ausgewogen in sich zu vereinigen.[13] Durch die menschliche Bearbeitung im Back- und Kelterprozeß wird diese Naturanlage verstärkt und fortentwickelt und so ein aufbereitetes Medium geschaffen für den Vorgang einer Verleiblichung. Als dritter Schritt folgt dann die »Transsubstantiation« unter der segnenden Kraft des Wortes, die im Gebet der feiernden

Gemeinde, in konzentrierter Andacht und Dankgesinnung (»Eucharistie«) wirksam wird.
Jedesmal, wenn im Altargeschehen an irgendeiner Stelle in der Welt Brot und Wein verwandelt werden und den Charakter von Leib und Blut annehmen, geschieht mit dem ganzen Planeten etwas. Das Einzelereignis hat ganzheitliche Bedeutung, denn jede kleinste Stoffmenge ist ja Teil des ganzen Erdkörpers. Ein Stückchen Erde wird transsubstantiiert, wird durchdrungen von göttlicher Beseelung. Indem dieser Vorgang sich wiederholt und vervielfältigt, nimmt in wachsendem Maß die Lebenskraft des Christus im Organismus der Erde Leib an. Eine durchchristete Erde wächst für die Zukunft heran.
Nachdem für diese Keimung und Entfaltung der Neuen Erde am Gründonnerstag-Abend der Grund gelegt ist – vermächtnishaft und aus göttlicher Güte vorsorgend für alles Kommende –, kann Christus das entscheidende Gottesopfer der Selbsthingabe auf Golgatha vollziehen. Sein eigenes Blut, das vom Kreuz in die Erde rinnt, und sein Leib, der in das Erdengrab versenkt wird, werden als sonnenverwandelte Materie dem Planeten zur Ur-Kommunion übergeben. Die Lebensmitte ist erreicht und zugleich ihre gefahrdrohende Krise bewältigt. Aus dem Innern der Erde dringt von jener Weltenstunde an ein neues Leuchten; die alte Substanz darf abzusterben beginnen, während der Keim des Zukünftigen sich bereits regt. Die Menschheitsgemeinschaft ist darauf vorbereitet, als Gärtner und Pfleger der wachsenden Gotteswirklichkeit, das heißt als Kultusvollbringer den Weg des Christus mit der Erde in Richtung auf den nächsten Äon hin mittätig zu begleiten.
In der Geheimsprache der Wissenden wurde und wird die Zukunftsgestalt der Erde mit dem Namen »Jupiter« bezeichnet. Und es ist kein Zufall, daß in dem weisheitsvoll-gesetzmäßigen Gang der Karwoche, in dem jeder einzelne Wochen-

tag den ihm wesentlich zugehörigen Geistinhalt zugeordnet erhält, die göttliche Vorsorge für die Erdenzukunft sich gerade den Donnerstag als Jupiter-Stunde[14] erwählt, um der Menschheit das Vermächtnis der Transsubstantiation zu übereignen. So wie Jupiter in unserem Planetensystem nächst der Sonne selbst die Rolle des gewaltigsten Himmelskörpers spielt, wurde unter den Wochentagen der Donnerstag als herausragend im Sieben-Tage-Gang empfunden; im Volksmund wird er mancherorts der »kleine Sonntag« genannt.

Der Gründonnerstag der Heiligen Woche darf vorausgreifend einem Motiv Raum geben, das am darauffolgenden Sonntag leuchtend seine Zukunftsoffenbarung antritt: Am Ostersonntag selbst erfährt das Abendmahl die erste Anwendung und Erprobung, indem den Emmaus-Jüngern (Lukas 24) »beim Brechen des Brotes« mit dem unerkannten Weggenossen sich die Augen auftun und sie der Gegenwart des Wiedererstandenen innewerden.

Von da an wiederholt sich die Vergegenwärtigung des lebendigen Christus in den eucharistischen Liebesmählern Sonntag für Sonntag, ja Tag für Tag für die Gebetsgemeinschaft der Christen. Doch wie um das Ursprungsmotiv der Jupiterstunde noch einmal unauslöschlich in das Weltgedächtnis zu versiegeln, tritt in den ersten sieben Osterwochen ein zweiter Donnerstag als besonderer Höhepunkt hervor: der Himmelfahrtstag, an dem Christus für die Jünger als menschlich-leibhafte Erscheinung verschwindet, um ihnen desto mehr als allgegenwärtige Kraft, als »Christus aller Erde« nahe zu sein. Eine Wolke nimmt den Auferstandenen vor ihren Augen auf (Apostelgeschichte 1), und zugleich wird ihnen die Verheißung zuteil, daß er von nun an als immerwährend Kommender im Elementarischen der Erdennatur anzutreffen sein wird. Deshalb ist *Himmelfahrt das klassische Fest des Sakramentes.* »Himmelfahrt« – das heißt, daß Christus sich in alle Zukunft als Herr der Himmelskräfte auf

Erden beweisen wird; daß er auch denen, die als einzelne kein übersinnliches Schauen entwickelt haben, in den Sinnesqualitäten der verklärten Stoffesnatur spürbar nahe sein will. »Aus Kraut und Stein und Meer und Licht schimmert Sein kindlich Angesicht«: Das ist die konkrete Beschreibung, die Novalis von der Erfahrung dieser Himmelfahrts-Wirklichkeit gibt. »In Luft und Öl, in Klang und Tau durchdring' Er unsrer Erde Bau«: Unter dieser Devise soll das Christentum eine umfassende, weltweite Verwandlungsreligion werden.

Als im Lauf der Jahrhunderte die ursprüngliche Sinngebung des Himmelfahrtsfestes für das Kirchenchristentum verlorenging, fühlte man sich gedrängt, dem Sakramentsverständnis eine zusätzliche Betonung zu geben durch die Einrichtung eines eigenen Feiertags. Unter dem Einfluß von Thomas von Aquino wurde das Fronleichnamsfest geschaffen. Ob es bewußt oder unbewußt geschah – sinnvoll erscheint es jedenfalls, daß auch dieses neue Fest wieder auf einen Donnerstag angesetzt wurde. Es ist der spiegelbildliche Tag zu Himmelfahrt in bezug auf das Pfingstfest. Zehn Tage vor Pfingsten: Himmelfahrt; zehn Tage nach Pfingsten: Fronleichnam. An diesem Tag wurde mit den großen Flurprozessionen zum Ausdruck gebracht, daß der »Leib des Herrn« (Fron-Leichnam) eine geistig lebendige Realität ist, die in den Tatsachenzusammenhang der Naturerscheinungen hineingehört. Segnend wandert das allerheiligste Sakrament durch die elementarische Welt, wenn der Priester die Monstranz durch die Fluren trägt, und teilt die Kraft der Wiederbelebung des ersterbenden Erdendaseins allen kreatürlichen Wesen mit.

Wenn wir heute das Himmelfahrtsereignis in seinem wahren Wesen wieder neu verstehen, brauchen wir das künstlich hervorgehobene Spiegelbild Fronleichnam nicht mehr. Worum es geht, das ist, daß wir im Himmelfahrtsfest selbst die Grundlegung des christlichen Sakramentalismus erkennen, der als verwandelnde göttliche Weltmacht – vom Gründonnerstag her über die Osterwochen sich erbauend und sammelnd – in die nachpfingstliche Menschheits- und Erdentwicklung ausstrahlt.

Dieser Gedankengang gehört in die Behandlung der Fragen des Atomzeitalters zentral hinein. Denn nur auf der Grundlage des Sakraments-Verständnisses wird die Rolle deutlich, die der Begriff der Materieverwandlung in unserem Jahrhundert spielt und spielen muß. Haben doch diejenigen unter den Atomforschern, die einer tieferen Besinnung über ihre Entdeckungen zuneigten, selbst ihr Werk mitunter im Licht christlich-esoterischer Kategorien zu sehen versucht. So schreibt Ernest Rutherford 1919 in einer Abhandlung im »Philosophical Magazine«, daß es sich um »die Verwirklichung eines alten Menschheitstraumes« handle, wenn wir heute feststellen, daß uns die »transmutatio materiae« (Stoff-Verwandlung) geglückt sei. Dies schien dem Forscher das eigentlich Wichtige an der Entdeckung. Allerdings waren alle Beteiligten damals von der Gewalt dessen, was sie in Händen hielten, so fasziniert, daß sie die tödliche Qualität der Atomkernumwandlung aus ihrem Bewußtsein verdrängten und so einem katastrophalen Irrtum zum Opfer fielen. Urbild und Gegenbild wurden in einem verhängnisvollen Kurzschluß des Denkens identifiziert.

Heute ist es an der Zeit, daß die Geschichte der Atomforschung bewußtseinsmäßig aufgearbeitet wird; daß das Vermächtnis Christi vom Gründonnerstag, die »transmutatio materiae«, und die in die Zeit wirkende göttliche Vorsorge der Himmelfahrtsoffenbarung im Sakrament der Transsubstantiation als geistklares Urbild erfaßt und damit die Voraussetzung geschaffen wird, die Phänomene des Atomzeitalters in ein Gesamt-Weltbild theoretisch und praktisch einzuordnen.

Wiederbelebung des ersterbenden Erdendaseins

Angesichts der Phänomene des Falls und Zerfalls der Materie erhebt sich die Frage, ob wir auch zu den entgegengesetzt wirkenden Kräften des Aufbaus und der Belebung der irdischen Substanz Zugang gewinnen können. Diese Fragestellung erscheint als zentrales Anliegen unseres Jahrhunderts. Nachdem die Wissenschaft dieser Zeit uns die Sterbevorgänge enthüllt und mit immer präziserer Deutlichkeit vor Augen geführt hat, ist unser Erkenntnisvermögen herausgefordert, den zugehörigen Entfaltungen neuen Lebens nachzuforschen. Wenn wir das »Samenkorn Erde« vergehen sehen und seine »Keimstrahlung« (in Gestalt der natürlichen Radioaktivität) bereits wahrnehmen, so können wir nicht umhin, uns nach den Anlagen künftigen Wachstums umzusehen, ihre noch anfänglichen Erscheinungen aufzuspüren. Oder anders ausgedrückt: Wenn wir auf die zerfallende Puppenhülle eines Falters stoßen, dürfen wir nicht dabei stehenbleiben, die Trümmer zu betrachten und die Auflösungsprozesse zu analysieren – vielmehr sind wir durch den Vorgang selbst dazu aufgefordert, uns nach dem umzutun, was dem sterbenen Hüllenwesen entsteigt, das heißt wir müssen versuchen, den Blick zu erheben und den Schmetterling zu schauen, der sich entfaltet und seinen Flug der Sonne entgegen antritt.

Vielleicht fällt es uns schwer, die Blickrichtung umzukehren. Wahrscheinlich müssen wir erst lernen, die richtigen Organe zu entwickeln, die das zarte Entfaltungsgeschehen im Lichtraum aufzufassen vermögen. Wir müssen erst üben, die angemessenen Fragen zu stellen, die passenden Versuchsanordnungen zu treffen. Das sind Anfangsschwierigkeiten bei der Geburt einer neuen Wissenschaft. Haben wir sie einmal gemeistert, so werden sich Erkenntnisse und Anwendungen ergeben, die unser gegenwärtiges Leben von Grund auf verwandeln werden. Unser Weltbild, das uns das Gefangensein im ersterbenden Erdenwesen bescheinigt, wird sich erweitern zu einer befreienden Schau auf das Werdende, das sich aus Todesvorgängen herausgebären will: das Zukunftsleben des Planeten, das in der Offenbarung Johannis als »neuer Himmel und neue Erde« vorherverkündet wird.

Das sensible Chaos

Hier ist an die Entdeckungen des Strömungsforschers *Theodor Schwenk* zu erinnern. Er hat in seinem Buch »Das sensible Chaos«, einer umfassenden Monographie der strömenden Medien, die Grundzüge einer Wissenschaft entwickelt, die uns den Erdenstoff als Träger von Himmelskräften anzuschauen und ihn so zu behandeln lehrt, daß die tote Materie sich in inneren Entfaltungsprozessen wiederbeleben kann. Das Wasser hat sich als diejenige Substanz erwiesen, die durch ihre Eigenschaften in klassischer Weise dazu veranlagt ist, derartige Vorgänge, die der Schwereverdichtung und dem Zerfall entgegengesetzt verlaufen, zu demonstrieren. Von diesem Urbeispiel aus mögen dann die Erfahrungen auch auf andere Stoffbereiche übertragen werden.

Strömendes Wasser zeigt außergewöhnliche und für den Laien unerwartete Eigenschaften. Was zunächst im ruhenden Zustand als homogene, gleichförmig zusammenhängende Masse erscheint, löst sich, sobald es in Fluß kommt, innerlich in eine Vielzahl feinster, einzeln beweglicher Schichten auf. Die Wassermasse »blättert« sozusagen auf wie ein Stapel Papier, den man durch Biegen oder Schieben in seine vielen Einzelblätter sich auffächern läßt. Die hauchdünnen Wasserlamellen, die sich im Fließvorgang ausbilden, gleiten übereinander und aneinander hin, und jedes einzelne solche Flüssigkeitshäutchen hat seine Ober- und Unterseite, die sich an den entsprechenden Flächen der Nachbarschichten vorbeischieben.

Was geht also dabei vor? Die scheinbar kohärente Flüssigkeitsmasse spreitet sich auf in ein feinstrukturiertes Komplexgebilde mit riesigen inneren Oberflächen. (Ein Maß für den Grad der Auffächerung gibt das Beispiel, daß ein Kubikzentimeter Flüssigkeit innere Oberflächen von ca. 300 Quadratmetern entfalten kann.) Das Wasser macht also, indem es fließt, strömt, wellt, strudelt und schäumt, einen Prozeß durch, der dem der Kondensation, der schweregeprägten Verdichtung, diametral entgegengesetzt ist. Es wird im Bewegungsvorgang innerlich aufgelockert, es wird aus der Schwere-Kompression gleichsam erlöst, es »geht auf«, hebt sich »antigrav« einer Erfüllung mit neuen Lebenskräften entgegen. (Im Gegensatz zu der »physischen« Gesetzmäßigkeit im toten Materiebereich kann man diese lebendigen Qualitäten, die hier aufgenommen werden, »ätherische« Bildekräfte nennen.)

Diese innere Aufbereitung bringt es nämlich mit sich, daß sich vorher verborgene Fähigkeiten im Flüssigkeitsleib entfalten. Es werden sensible Organe ausgebildet, durch die das bewegte Medium etwas wahrnehmen und aufnehmen kann. Wie sich in der glatten Oberfläche eines Sees der Himmel und die Landschaft im Umkreis spiegeln, so vermögen die inneren Oberflächen in multiplizierter Weise Umweltverhältnisse widerzuspiegeln. Strömendes – oder durch Schütteln künstlich in Bewegungsprozesse versetztes – Wasser wird zum hochempfindlichen Indikator und Reagenz nicht nur auf stoffliche Gegebenheiten der näheren Umgebung, sondern sogar auf Konstellationsverhältnisse im Planeten- und Tierkreisraum. Die aufgefangenen Stoffes- und Sterneneinflüsse werden im Bewegungsvorgang verinnerlicht, angeeignet und, bei entsprechender Behandlung, als bleibende Qualitätsmerkmale einverleibt.

Bildekräftefelder

Vielfältige praktische Anwendung finden die Erkenntnisse vom »sensiblen Chaos« in der Pharmazie und in der Landwirtschaft.

Wird ein Quantum einer heilenden Substanz – etwa ein Pflanzensaftkonzentrat oder eine bestimmte Metallsalzzubereitung – mit Wasser als Lösungsmedium in kontrollierter Weise geschüttelt, so geht etwas von der Wirkkraft des Ausgangsstoffs auf die Lösung über. Der Prozeß wird nun wiederholt, indem ein entsprechender Anteil des entstandenen Gemisches mit frisch hinzugefügtem Lösungsmedium erneut geschüttelt wird. Je nach dem pharmazeutisch genau zu definierenden Ziel kann dieser Vorgang viele Male nacheinander ausgeführt werden, bis die optimale Beschaffenheit erreicht und das Produkt als Medikament anwendbar ist. Was dem äußeren Anschein nach wie eine fortgesetzte Verdünnung der Ursubstanz aussieht, führt doch im Effekt zu einer differenzierten und gezielten Steigerung der Arzneiwirkung, zu einer »Dynamisierung« oder »Potenzierung«, die wir aus den erörterten Erfahrungen mit dem Wasser verstehen können. Während der Stoffanteil im Zubereitungsprozeß schrittweise vermindert wird, zieht das Medium wie durch eine innere Sogwirkung der tausend und abertausend laminaren Oberflächen die Wirkkraft der Arzneisubstanz an sich. Ausgangsstoff und strömendes Medium werden auf jeder neuen Stufe inniger verbunden und gemeinsam verändert: Bis in feinstrukturelle Tiefenschichten wird die verwandelte Substanz aufgeschlossen, aufgefächert, aufgespreitet, bis die ihr innewohnenden Bildekräfte entbunden und in ihrer belebenden

Wirksamkeit intensiviert sind. Eben diesen Vorgang nennt der Apotheker »Potenzieren«.[15]

Und wenn der Patient aus seinem Fläschchen die verordnete Zahl von Tropfen zu sich nimmt, schaltet er sich als »Empfänger« in das heilsame Kraftfeld ein.

Ganz entsprechend geht der biologisch-dynamisch arbeitende Landwirt vor, wenn er seine Präparate durch einen sorgfältigen Rührvorgang im Wasser verwirbelt und dadurch aufbereitet, um sie dann in feinster Zerstäubung über einen weiten Landwirtschaftsbereich von Äckern oder Gartenfeldern aussprühen zu können. Auch hier wird die Materie so behandelt, daß sie aus der Schwereverhaftung er-löst und auf ein kosmisches Lebens-Niveau erhoben wird, dessen sie durch den Fall in die Schwere verlustiggegangen war.

Solche Vorgänge, im einzelnen durchgeführt, werden sich im Gesamtleben der Erde heilsam auswirken – so wie auf der Gegenseite jeder Akt der künstlichen Atomzertrümmerung als schädigender Faktor in den Gesamthaushalt des Planetenorganismus eingeht. Insofern zählen jeder Betrieb und jede Produktionsstätte, die nach den Gesichtspunkten einer modernen Bildekräfteforschung arbeiten, als lebendiges Gegengewicht auf der Weltenwaage gegen die todbringenden Auswirkungen der nukleartechnischen Anlagen.

Die keimende Christus-Erde

Wenn wir uns auf die Suche nach den sichtbaren Spuren der neuen Erde begeben, welche aus dem ersterbenden Wesen unseres altgewordenen Planeten hervorwachsen will, dürfen wir nicht an den wissenschaftlichen Arbeiten von L. Kolisko vorübergehen. Die erstaunlichen Ergebnisse ihrer Forschungen gehören zu den bedeutendsten Offenbarungen, die das 20. Jahrhundert dem Menschheitsbewußtsein beschert hat. Sie wurden in einer stillen, konsequenten Arbeit aus privater Initiative gewonnen – während der gleichen Zeit, da in der offiziell geförderten Wissenschaft mit großem Aufwand die Atomphysik und -technik hochgezüchtet wurde. Die Parallelität der Vorgänge erscheint hier symptomatisch; der doppelte Aspekt von Sterben und Auferstehen, der jedem Keimungsvorgang eigen ist, zeigt sich zeichenhaft auch in der Entdeckungsgeschichte der neueren Naturwissenschaft. Nur blieb, während die Atomforschung sich mit ihren Erfindungen von Vernichtungsmaschinerien den Zugang zum Bewußtsein der Massen erzwang, die Kunde von der Entdekkung neuer Lebensgeheimnisse zunächst weitgehend verborgen. Dieses Mißverhältnis muß einmal zurechtgerückt werden. Die vielversprechenden Ansätze aus der ersten Hälfte unseres Jahrhunderts sollten aufgegriffen, die Experimente wiederholt, verbessert und vervollständigt werden, so daß ein Gleichgewicht der Erkenntnis entstehen und das todbringende Monopol des atomaren Wahns gebrochen werden kann.

Frau Kolisko, deren Forscherbiographie in manchen Zügen an die von Madame Curie erinnern mag, war zunächst ganz darauf ausgerichtet, Zusammenhänge zwischen kosmischen und irdischen Tatsachen, zwischen Sternkonstellationen und stofflichen Reaktionen im Bereich der Chemie oder Physiologie aufzuspüren. Dazu hatte sie die Methode der sogenannten Steigbilder entwickelt. Eine Flüssigkeit, die in feinem Filtrierpapier aufsteigt, macht einen Bewegungsprozeß durch, in welchem sie für die Aufname von zarten Veränderungen im Umraum aufgeschlossen wird. Ähnlich wie bei der Aufspaltung in Membranen beim Schütteln, wird hier eine Lockerung des Stoffgefüges bewirkt. Die haardünnen Fäden, in die sich die Flüssigkeit zerteilt, während sie in die Kapillarbahnen hineinkriecht, werden zu »Fühlern« und die Versuchsanordnung zu einem Sinnesorgan, das die feinsten Schwingungen des Bildekräftefeldes wahrnimmt und sie dem Beobachter widerspiegelt.

Die Flüssigkeit (etwa eine Salzlösung; als sehr geeignet hat sich in vielen Versuchsreihen 1 % Silbernitrat erwiesen) steigt gleichmäßig im Filterblatt empor bis zu einer gewissen Höhe, die von Temperatur und Luftfeuchtigkeit abhängt. Das Papier verfärbt sich in der benetzten Zone, so daß eine deutliche Bildgestalt in Erscheinung tritt, die im Vergleich der Versuchsreihe aussagekräftig wird.

Eine große Überraschung erlebte die Forscherin nun, als eines Tages ersichtlich wurde, daß die kapillardynamolytischen Experimente etwas aussagten über Zeitpunkt und Rhythmen der christlichen Feste im Jahreslauf. Dieses Phänomen mußte Erstaunen auslösen. Wie war es möglich, daß – um es zugespitzt auszudrücken – das Salz Silbernitrat »wußte«, wann Ostern ist?! Wir Menschen müssen unseren Kalender befragen. Der Kalendermacher seinerseits muß die genauen Regeln anwenden, nach denen Frühlings-Tag-und-Nachtgleiche, Vollmond und Sonntag aufeinanderzufolgen haben, um den Termin zu bestimmen. Und die chemische Substanz zeigt nun, daß sie ohne »Berechnung«, selbsttätig von innen her-

aus diesen selben Termin »kennt« und ihn durch ihr – abweichendes – Verhalten »anerkennt« bzw. offenbart als einen besonderen, eigenartigen Augenblick im Ablauf der Tage eines Jahres.
Wenn wir die Photographie des ersten Ostersteigbildes von 1927 ansehen und es mit den entsprechenden Bildern anderer Daten im Jahr vergleichen, sind wir frappiert über die absolut einzigartige, herausfallende Sondergestalt.[16] Im ersten Moment könnte einem möglicherweise der Gedanke durch den Sinn schießen, daß hier ein fehlerhaftes Filterpapier vorliegt, dessen Struktur die eigentümliche Färbung des Bildes bedinge. Dann aber blättert man weiter und findet nicht wieder etwas Vergleichbares, bis man zum Blatt »Ostern 1928« gelangt. Hier aber wiederholt sich die »Oster-Form« in eindeutig kennzeichnender Weise und sagt in der Sprache der naturgesetzlichen Abläufe, daß der Erdenstoff, die Materie, Ostern »feiert«. Wir können den Vorgang nicht anders deuten, als daß der gesamte Lebensorganismus des Planeten Erde in den Rhythmen des Christus-Jahres schwingt und dieses Schwingen – gleichsam ein Tönen wechselnder Harmonien – in der empfindlichen Resonanz der chemisch-physikalischen Anordnung zur augenfälligen Erscheinung gelangt.
(Übrigens ist hier Ostern nur als Beispiel gewählt, um die Erscheinung an einem konkreten Fall anschaulich zu machen; genau Entsprechendes gilt für die anderen Hauptpunkte des christlichen Festkreises: Weihnachten, Pfingsten, Johanni, Michaeli. Jedesmal ergibt sich unter geeigneten Voraussetzungen ein unverwechselbares Bildmerkmal, das den betreffenden Augenblick des Jahres, und nur diesen, auszeichnet.)

Vom Bild und Sinn des Altars

Die Forscherin L. Kolisko gebraucht angesichts der erregenden Ergebnisse, zu denen ihr unermüdliches Experimentieren sie geführt hat, den Ausdruck: der Laboratoriumstisch werde ihr dabei zum »Altar«. Wir können einen solchen Ausspruch mit Bewegung zur Kenntnis nehmen und versuchen, uns in die Lage des derart von der Heiligkeit seines Beginnens ergriffenen Entdeckers zu versetzen. Wir müssen uns dabei aber auch eingestehen, daß ein solcher Vergleich nur dann einen Sinn ergibt, wenn das zu Vergleichende einen realen Inhalt hat. Laboratoriumstisch und Altar in Beziehung zu setzen, ist nur sinnvoll, wenn ein tatsächliches tertium comparationis, eine Vergleichsebene, vorhanden ist. Dieses Verbindende besteht aber im gegenwärtigen Fall im Anerkennen der verwandelnden Wirksamkeit der Christus-Kraft im Bildekräftefeld der Erde.

Was heute in wissenschaftlichen Laboratorien in der Bildekräfteforschung sichtbar gemacht werden kann, ist das Ergebnis einer bald zweitausendjährigen treuen Tätigkeit im Bereich der christlichen Altäre. Der göttliche Lebenskeim, der durch die Christus-Inkarnation, durch das Ereignis von Golgatha, unserem Planeten eingepflanzt worden ist, entwickelt sich weiter durch den fortgesetzten Vollzug der Transsubstantiation, der Verwandlung von Brot und Wein, an den Altären. Das ist die tiefste und vornehmste Aufgabe der Christenheit als Gebets- und Opfergemeinschaft. Durch den konzentrierten Willenseinsatz der mit Christus verbundenen Menschenseelen wird im Altardienst die einmal eingepflanzte Keimkraft für die Zukunft nach und nach entwickelt und verstärkt; sie wird »fortgepflanzt« – bis dahin, daß heute schon die ersten zarten Spuren des neuen Werdens im Experiment festgestellt werden können. Der Laboratoriumstisch kann heute real zum Altar werden, weil die Altäre in der christlichen Kultusübung zu Tischen göttlich-menschlicher »Laboratoriums-Arbeit« an der Verwandlung des Erdenstoffes geworden sind.

In diesen Gedanken müssen hier unsere Erörterungen über die Fragen des Atomzeitalters einmünden. Die Probleme, die uns die Entwicklung der Nukleartechnik aufgibt, können nur ihren richtigen Stellenwert erhalten, wenn wir sie in der Gegenüberstellung mit den Phänomenen der Bildekräfteforschung sehen. Diese wiederum erscheint erst dann im Licht ihrer vollen Bedeutung, wenn wir sie in den Zusammenhang der großen Verwandlung hineinstellen, die der Lebensorganismus der Erde erfährt, indem er durch das christliche Sakrament heiligend imprägniert wird.

Bemerkenswerterweise rühren die Atomforscher selbst immer wieder an diesen entscheidenden Punkt der Erkenntnis, indem sie sich durch das Unterbewußtsein für ihr Umgehen mit den Todesprozessen der Materie Bilder und Assoziationen aus dem lichten Gegenbereich, insbesondere aus dem Umkreis des Religiösen, zuspielen lassen. Darauf werden wir in einer eigenen Betrachtung zurückkommen.

Die Rolle Rudolf Steiners

Ein echter Durchblick in den vielschichtigen Fragen der Atomproblematik kann heute nur gewonnen werden, wenn die naturwissenschaftliche Betrachtungsart um die Dimension einer geisteswissenschaftlichen Anschauung erweitert wird. Mit der Erschließung der atomaren Welten stößt die Menschheit in einen Bereich vor, der jenseits ihrer natürlichen Sinnesfähigkeiten liegt. Bei einer derartigen Ausdehnung des Forschungsgebietes ins Außer-Sinnliche ergibt sich die Notwendigkeit, die menschliche Wahrnehmungsfähigkeit selbst über das Maß der naturgegebenen Sinne hinaus zu steigern. Wo die natürlichen Kräfte nicht ausreichen, müssen über-natürliche gesucht und erworben werden. »Übersinnliche« Wahrnehmung ist in diesem Sinn eine unabdingbare Zeit-Forderung geworden. Wir müssen uns neue Sinnesorgane heranerziehen, das heißt durch bewußte Übung ausbilden, mit denen wir lernen, in die Bereiche des Unsichtbaren hineinzusehen. Den Weg dazu weist die Methode der *Anthroposophie;* und sie stellt eine Fülle bereits gesammelter übersinnlicher Erfahrungen als Inhalt einer zeitgemäßen Geisteswissenschaft zur Verfügung.

Wir haben uns in den hier angestellten Betrachtungen über die Fragen des Atomzeitalters schon wiederholt die Anregungen der Anthroposophie zunutze gemacht und dadurch wesentliche weiterführende Gesichtspunkte gewonnen, wie sie die gewöhnliche gegenwärtige Diskussion vermissen läßt. Wichtig erschien es uns dabei, den Aussagen Rudolf Steiners einige große Grundmotive zu entnehmen, die sich als Erkenntniskeime für eine Neuorientierung der Naturanschauung fruchtbar zeigen.[17]

Vor allem haben wir die Idee vom »Samenkorn Erde« Rudolf Steiner zu verdanken. Er stellt diese Formulierung als Leitsatz an den Ausgangspunkt einer geisteswissenschaftlichen Weltauffassung. Statt die Erde als »Staubkorn« im Weltall zu sehen, wie es mehr und mehr die neuzeitliche Kosmologie gelehrt hat, leitet die Geisteswissenschaft an, in dem Menschenplaneten »die Keimanlage eines neu entstehenden Makrokosmos« zu erkennen. Durch Walther Cloos wurde das grandiose Bild dann aufgegriffen und bis in naturwissenschaftliche Details hinein verifiziert und angewandt. Diese Idee hat selbst Samenkorncharakter; geht man mit ihr um, so erwächst einem, wie wir gesehen haben, ein lebensvoll ganzheitliches Weltbild, in das sich die Einzelphänomene sinnvoll einordnen und in dem die Seele zu Hause sein kann.

Ähnlich grundlegend ist der von Rudolf Steiner geprägte Begriff der »Unternatur«. Wir haben hier nicht ausdrücklich von dieser Vorstellung Gebrauch gemacht.[18] Aber implicite lag das, was damit gemeint ist, auch unserem Gedankengang zugrunde, wenn wir von den zwei Richtungen der Entwicklung – dem Ersterben des irdischen Daseins im Fall der Materie und seiner Wiederbelebung durch das Anregen der Bildekräftefelder – sprachen. Auf der einen Seite sinkt das Naturdasein unter sein schöpfungsursprüngliches »Normalniveau« und verfällt in einem »untersinnlichen« Bereich zerstörerischen Weltmächten; es wird zur *Unternatur;* diese erscheint uns als die Domäne jener »Fürsten und Gewaltigen«, wie Paulus im Brief an die Epheser (Kap. 6) sagt, »die im Finsternisbereich des Kosmos walten, nämlich der geistigen Mächte, die das Böse verkörpern in den Reichen, die *unter* dem Himmel sind«. – Auf der anderen Seite sehen wir uns in die Lage versetzt, durch die göttlichen Wiederbelebungskräfte, die von dem Christuswesen ausgehen, so in die Naturzusam-

menhänge einzugreifen, daß sie aus einem *übernatürlichen* Bereich neue schöpferische Bildekräfte aufnehmen und dadurch zu ihrem gottgewollten Zukunftsziel hinverwandelt werden.
Diesem Ziel, das Naturdasein durch das Eingreifen göttlicher Wandlungsmächte in einen Zustand der »Übernatur« emporzuheben, so daß es vom Fall erlöst und zukunftsfähig gemacht wird, dienen die christlichen Altäre, an denen die Substanzverwandlung im Urbild vollzogen wird. Es kann sich aber der Prozeß der Heilung und des sakramentalen Handelns in alle möglichen Lebensbereiche hinein ausbreiten, wie wir es an den Beispielen der Bildekräfteforschung, der Pharmazie und Landwirtschaft ausgeführt haben. Dabei darf darauf aufmerksam gemacht werden, daß die Formulierung von den Laboratoriumstischen, die zu Altären werden, von Rudolf Steiner herrührt und von ihm als eine der großen Forderungen der Zeit an die wissenschaftliche Forschung ausgegeben wurde. Schließlich ist hierbei in Erinnerung zu rufen, daß die neuen Altäre, um welche die *Christengemeinschaft* als Bewegung für religiöse Erneuerung sich heute schart, nicht ohne den inspirierenden Rat und die Hilfe Rudolf Steiners hätten errichtet werden können, der sie als Quellorte zu begreifen gelehrt hat, von denen ein Lebensstrom ausgeht, der heilend und materieverwandelnd Christus aller Erde zuteil werden läßt.

Christus in der Physik

Im Jahr 1911 hielt Rudolf Steiner eine Reihe von Vorträgen in Kopenhagen, in denen sich ein weiterer grundlegender Ideenkeim findet, der für unser Thema von außerordentlicher Tragweite ist. Die Vorträge wurden eilig für den Druck bearbeitet und erschienen unter dem Titel »Die geistige Führung des Menschen und der Menschheit« bereits zwei Monate, nachdem sie gehalten waren, im August 1911. Dabei verfuhr der Verfasser, wie er selbst im Vorwort betont, durchaus gegen seine sonstige Überzeugung, die ihm normalerweise verboten hätte, das gesprochene Wort unmittelbar der Publikation im Druck zu überlassen, weil es seine »Ansicht ist, daß die Form der Ausführungen, die für das Lesen bestimmt sind, eine ganz andere sein muß als diejenige, welche für die mündliche Rede gebraucht wird«. Diesmal weicht er von seiner Auffassung ab; dies geschieht, wie er sagt, »weil ich Gründe habe, diese Schrift gerade in diesem Zeitpunkt erscheinen zu lassen...«
Unsere Aufmerksamkeit wird also auf die besonderen zeitlichen Umstände, auf das historische Umfeld gelenkt. Damit berühren wir ein eigenes und eigentümliches Kapitel der Anthroposophie, das sich jedem, der die Aussagen der Geisteswissenschaft gründlich studiert, allmählich erschließt. Wir begegnen in Rudolf Steiner einer solch unmittelbaren Geistesgegenwart, daß die einzelnen Akte seines Handelns aus dem Bereich des Zufälligen herausgehoben erscheinen. Wer beachtet, *wann* und *wo* er *welche* Aussagen gemacht hat, der wird durch die zielvolle Ordnung, durch die Koinzidenzen, auf die er dabei trifft, über vielerlei belehrt, was so gewissermaßen zwischen den Zeilen zur Sprache kommt.

Fragen wir uns also, welcher Art die gravierenden Gründe gewesen sein mögen, die zur alsbaldigen Drucklegung der Vorträge von Kopenhagen Anlaß gaben! Ein Licht hierüber kann uns aufgehen, wenn wir zweierlei bemerken: erstens, daß in dieser Schrift wesentliche Aussagen zum Atomismusproblem gemacht werden, und zweitens, daß Kopenhagen eben der Ort ist, von wo aus durch den dänischen Physiker und Nobelpreisträger Niels Bohr die stärksten Impulse zur Ausbildung der modernen Atomtheorie in die Welt hinausgegangen sind. Das Bohrsche Atommodell, das zum Eckstein der gesamten späteren Atomphysik wurde, ist 1913 veröffentlicht worden. Man kann also voraussetzen, daß Bohr gerade in jener Zeit intensiv mit der Ausarbeitung seiner Hypothesen beschäftigt war, als Rudolf Steiner sich veranlaßt sah, zur Frage der atomaren Struktur der Materie ganz neue, revolutionierende Blickpunkte zu entwickeln. War es demnach das Anliegen der Kopenhagener Vorträge, dem in der Bohrschen Forschung damals kulminierenden physikalischen Materialismus ein spirituelles Gegengewicht zu schaffen?

Rudolf Steiner lenkt von Kopenhagen aus in prophetischer Weise unseren Blick auf kommende Zeiten, wo Naturforscher auftreten werden, die ganz anders über das Wesen der Materie denken werden als die heutigen. Sie werden, sagt er, den Menschen nicht mehr von stofflichen Atomen und ihren Zuständen erzählen; vielmehr werden sie »den Menschen lehren können, daß bis in die kleinsten Teile der Welt hinein die Substanz von dem Geiste des Christus durchzogen ist. Und so sonderbar es scheinen mag: Künftig werden Chemiker und Physiker kommen, welche Chemie und Physik nicht so lehren, wie man sie heute lehrt..., sondern welche lehren werden: ›Die Materie ist aufgebaut in dem Sinne, wie der *Christus* sie nach und nach angeordnet hat!‹ Man wird den Christus bis in die Gesetze der Chemie und Physik hinein finden. Eine spirituelle Chemie, eine spirituelle Physik ist das, was in der Zukunft kommen wird.«*

Noch harrt die Geschichte der neuen Forschergeneration, die den Schlüssel anwenden wird, der in diesen Kopenhagener Ausführungen an die Hand gegeben ist. Noch sind wir in den Begriffsfesseln der atomistischen Vorstellungen gefangen – und damit befangen gegenüber einer echten Lösung der Atomprobleme. Deshalb erscheint es als dringlichste Aufgabe für die Naturwissenschaft des ausgehenden 20. Jahrhunderts, den neuen Erkenntnisraum zu erschließen, den Rudolf Steiners grandiose Vision vorzeichnet und in welchem *Christus in der Physik* zu finden sein wird. Erst wenn auf solche radikale Weise der Menschengeist vom atomaren Wahn erlöst sein wird, werden sich auch die Wege finden, die uns aus dem »atomaren Dilemma«[19] der Gegenwart herausführen können.

* Rudolf Steiner: Die geistige Führung des Menschen und der Menschheit.

Erwachen an den Gegenbildern

Rudolf Steiner schließt seine bemerkenswerten Hindeutungen über Christus und die Materie mit einem Satz, der sie erst recht provozierend macht. Er sagt: »Heute erscheint das ganz gewiß vielen Leuten als eine Träumerei oder Schlimmeres. Aber was oft die Vernunft der kommenden Zeiten ist, das ist für die vorhergehende Torheit.«

Der Satz spricht seine eigene Sprache. Doch wird er noch zusätzlich in ein besonderes Licht gerückt, wenn wir ihm einen anderen gegenüberstellen, der ihm durch Ort und Zeit, durch Anlaß und Intention wie zugeordnet erscheint. Niels Bohr bemerkte, als er seine Atommodell-Gedanken zur fertigen Aussage verdichtet hatte: »Vor uns liegt eine verrückte Theorie. Die Frage ist nur – ist sie verrückt genug, um richtig zu sein?« Diese Äußerung darf wohl als eine von typisch Bohrscher Form und Qualität gelten. Der dänische Altmeister der Atomphysik war als ein hochgradig irrationaler Geist bekannt. Von manchen seiner Schüler und Kollegen wurde er, halb verehrungsvoll, halb skeptisch, als »esoterisch« apostrophiert. Er war ein Mann der unberechenbaren Inspirationen; und oft hatte er redlich Mühe, seine exzentrischen »Einfälle«, obwohl sie für ihn selbst die mathematische Klarheit von hellen Geistesblitzen besaßen, so in Worte zu fassen, daß sie anderen Menschen verständlich werden konnten.

Ganz im Gegensatz hierzu begegnen wir in Rudolf Steiner einem Menschen, dessen Anliegen es gerade ist, bei der Mitteilung seiner Erkenntnisse stets die Brücke des gesunden Menschenverstandes zu benutzen, den gemeinsamen Boden der Nachvollziehbarkeit herzustellen.

Vergleichen wir die zitierten Abschluß-statements von Steiner und Bohr, so ergibt sich ein bezeichnendes Bild. Bei aller Parallelität in der Wendung sind die beiden Äußerungen im Kern diametral entgegengerichtet. Dadurch aber erklärt sich etwas vom Wesen der Zeitsituation. In der Spannung der polaren Aussage flammt ein Lichtbogen auf, der das Jahrhundert in weitreichender Perspektive erleuchtet.
Das 20. Jahrhundert spricht in Gegenbildern. Es wurde von den Wissenden mit großen Hoffnungen erwartet als Anbruchszeit eines neuen Bewußtseinslichtes. Was aber zunächst dem äußeren Auge sichtbar wird, sind gewaltige Verfinsterungen des Menschengeistes. Es gilt, die Dunkelzonen, durch die uns unser Jahrhundert führt, als Schlagschatten des kommenden Lichtes zu erfassen und an den Negativbildern zu erwachen für das Gewahrwerden des positiven Lichtwirkens, das hereinbricht und von heute an in wachsendem Maße unser Leben erhellen will.
Man muß die Vorgänge unserer Zeit als Symptome nehmen. Worte, die gesprochen werden; Gedanken, die plötzlich auftauchen; Begegnungen, die sich, wie zufällig und doch folgenreich, ergeben – sie können wie Lettern einer Schrift erscheinen, in der sich das Zeitschicksal artikuliert und zeichenhaft erklärt.
In einer fast unscheinbaren Szene verkörpert sich – zum Auftakt des Atomzeitalters – das zentrale Motiv der folgenden Epoche: die Verwandlung der Materie. Als Madame Curie, die geniale Entdeckerin des Radiums, am Abend eines arbeitsreichen Tages mit ihrem Mann noch einmal in das Pariser Laboratorium zurückkehrt, sagt sie beim Betreten des primitiven Barackenraumes, in dem sie Monate eines entbehrungsvollen Krafteinsatzes verbracht hat, um aus Tonnen von taubem Gestein das erste Milligramm des seltenen Metalls in reiner Form zu isolieren: »Mach das Licht nicht an!« Das Forscherehepaar verweilt einige Zeit still im Halbdunkel, bis

sich die Augen an das Dämmerlicht gewöhnt haben. Während der harten Arbeitswochen hatten sie manchmal versucht, sich vorzustellen, wie das neu entdeckte Element anzusehen sein würde, hatten sich neugierig-kindlich gewünscht, es möge eine »sehr schöne Farbe« zeigen. Aber die Wirklichkeit »ist noch weit märchenhafter als der phantastisch-naive Wunsch... Das Radium hat mehr und anderes als eine ›schöne Farbe‹: eigene Leuchtkraft! In der Finsternis des Hangars schimmern die über Tische und Wandbretter verteilten kostbaren Stückchen in ihren gläsernen Behältern bläulich-phosphoreszierend durch die Nacht. ›Schau... schau...!‹ flüstert Marie... Die Hand des Gefährten streicht leicht über ihr Haar. Nie wird sie das Märchen dieser Nacht vergessen.«*

* Eve Curie: Madame Curie.

»Was, wenn Verwandlung nicht, ist dein drängender Auftrag?« (R. M. Rilke)

Weshalb zieht dieser Augenblick die Seelen so unwiderstehlich in Bann? Ist es, daß eine Saite im tief unterbewußten Innern in Schwingung gerät, wenn zum ersten Mal vor den Sinnen das Motiv der »strahlenden Materie« sich offenbart? Wird eine Urerinnerung wach an den »drängenden Auftrag«, mit dem wir zu unserem Leben im 20. Jahrhundert angetreten sind – nämlich: Verwandlung zu erleben, ja selbst mit Hand anzulegen, um die Verklärung des dunklen Erdenstoffs in strahlendes Licht zu bewirken?
Mit unmißverständlicher Deutlichkeit spricht sich dieses hintergründige Geheimnis in der Formulierung eines anderen großen Pioniers des Atomzeitalters aus. Ernest Rutherford schreibt wie bereits erwähnt, als er 1919 die Feder ergreift, um über das auf seinem Forschungsweg Geleistete Rechenschaft abzulegen, daß durch die »transmutatio materiae«, wie sie durch Jahrhunderte hindurch von den mittelalterlichen Alchimisten gesucht worden war und wie sie jetzt in der Umwandlung von Stickstoff in Sauerstoff realisiert schien, »die Verwirklichung eines alten Menschentraumes« in Erfüllung gegangen sei. »Sollte sich das als richtig herausstellen, dann ist diese Entdeckung viel wichtiger als ein ganzer Krieg.«
Wahrhaftig, wo an die Verwandlung der Erdenmaterie gerührt wird, da geht es um das gesamte Zukunftsschicksal des Planeten und seiner Menschheit. Positiv oder negativ!
Das Zentral-Mysterium der Menschheit, die Transsubstantiation, kündigt ihr Offenbarwerden im Bewußtsein der Gegenwart an. Ein Geschehen von größerer Bedeutung läßt sich nicht denken. Doch zunächst tritt das Motiv im Kontrapunkt

seines finsteren Schattenbildes auf: der künstlichen Atomkernmanipulation mit ihren tödlichen Folgeerscheinungen.
Madame Curie, deren große Seele sich am geheimnisvollen Aufleuchten des Radiums erbauen zu dürfen meinte, treffen wir am Ende im Schweizer Sanatorium wieder, wo sie ihr tapferes Forscherleben der Strahlenkrankheit, dem unheilbaren Blutkrebs, ergeben muß. – Die genialen Versuchsanordnungen Rutherfords, mit denen er die »transmutatio« im Griff zu haben glaubte, ebnen den Weg, der über die Zwischenstation von Otto Hahns Berliner Urankernspaltung (1938) in direkter Linie zur Herstellung der Hiroshima-Bombe (1945) führt.
Es ist die Perversion des Allerheiligsten, die die Menschengeister narrt. Geblendet vom gleißenden Licht einer Strahlung, die »heller als tausend Sonnen« zu flammen verspricht, gehen die Forscherseelen irr – und machen sich zu Werkzeugen einer satanischen Vernichtungsmacht.

Teuflische Versuche auf dem Göttertisch

Die geschichtlichen Symptome reihen sich zu einer Bildersprache von bestürzender Prägnanz und Präzision. Ohne daß es den einzelnen beteiligten Personen im Augenblick ihres Handelns bewußt würde, spielen sie die Rollen und gebrauchen die Worte, die sich zur Komposition einer Menschheitstragödie aneinanderfügen. Der große Anti-Regisseur verbirgt sich hinter den Aktionen des sichtbaren Bühnengeschehens – und entlarvt sich doch zugleich unerbittlich in der Sprache der Requisiten und der Szenerie.

Los Alamos, die Barackenstadt, die zur Geburtsstätte der ersten Atombombe werden sollte, wurde auf einem der Tafelberge in der Wüste von Neu-Mexiko errichtet, die man dortzulande »mesa« (Tisch) nennt. Das Hochplateau hatte in früheren Zeiten einem indianischen Heiligtum zum Ort gedient, wie denn solche aus dem Flachland emporgehobenen Anhöhen sich als von der Natur vorgebildete »Göttertische« zur Verrichtung von Opfer und Gebet besonders anbieten.

Dort oben wurde nun in strenger Exklusivität und unter schärfsten Geheimhaltungsvorkehrungen ein Dienst verrichtet, in dem die Medizinmänner in weißen Laborkitteln ein Gift bereiteten, das Hunderttausenden zur Todesgabe werden sollte. Julius Robert Oppenheimer, der als Chef-Schamane sich dort den Titel des »Vaters der Atombombe« erworben hat, besaß die Größe der Selbsterkenntnis, die ihn im Rückblick das schonungslose Fazit aus diesem Geschehen ziehen ließ: »Wir haben die Arbeit des Teufels getan.« Kein Zweifel, daß die Widergeister, die hier eine willige, dem Ziel der Zerstörung verschworene Tempeldienerschaft fanden, sich des unheimlichen Anti-Gottesdienstes freuten und gern ihre vernichterischen Inspirationen in die Forschergehirne einfließen ließen. – Während aber die Handlanger dabei waren, auf dem Göttertisch die Prozesse zu vollziehen, welche aus den Elementen des Erdenleibes die tödliche Speise zu erschmelzen hatten, schien in jenen letzten kritischen Wochen die Natur den Atem anzuhalten: Es trat eine kaum noch erträgliche Trockenheit ein, während in der Ferne hinter dem Gebirge Sangre de Christo (Christi Blut) Blitze zuckten, wie um aufmerksam zu machen, daß die Szene der teuflischen Offenbarung in aller pervertierten Vollständigkeit konzipiert war.

Es wurden in dieser Zeit drei Höllenmaschinen vorbereitet: die Versuchsbombe, deren Detonation mit ihrem »schauerlichen Donnern, wie eine Warnung vor dem Jüngsten Tage« (General Farell) die Augenzeugen bis ins Mark erschauern und in Oppenheimers Seele die blitzartige Erkenntnis aufscheinen ließ, daß er mit der dämonischen Macht des »Erschütterers der Welten« konfrontiert sei; sodann die Hiroshima-Bombe, die man salopp »little boy« titulierte, und schließlich die für Nagasaki bestimmte schwere Plutonium-Bombe, die im Unterschied dazu als »fat man« figurierte. Für das gesamte Unternehmen aber fand die makabre Sprachphantasie der Amerikaner den Namen »trinity« – Dreifaltigkeit. Unter der Perspektive dieser konsequenten Gegenbild-Schritte kann es gewiß nicht als Zufall angesehen werden, daß der Abwurf auf Hiroshima durch das eigentümliche Zusammenspiel von vielerlei Bedingungen gerade auf den 6. August dirigiert wurde, der traditionellerweise als Tag der Verklärung Christi gilt.

Die Linie der fratzenhaften Verhöhnung des Heiligen in den Negativwerten der Bildelemente setzt sich bis in unsere Zeit mit bestürzender Konsequenz fort: Während anstelle der Bombenproduktion die sogenannte friedliche Atomenergieerzeugung in den Vordergrund tritt, wird weiter mit einer gestohlenen Terminologie gearbeitet. Die skrupellosesten unter den Befürwortern der Kernreaktoren lieben es, ihre Atommeiler immer wieder als »Kathedralen« unserer modernen Zeit anzupreisen und sich dementsprechend in der Rolle der eingeweihten Baumeister (nach mittelalterlichem Vorbild) zu sehen. So weit geht ihre gefühlvoll-rohe Romantik, daß sie sich nicht scheuen, vom »Heiligenschein der Brennstäbe« zu sprechen oder den Mannschaften, die in Zukunft strahlende Atomruinen zu bewachen haben sollen, den Rang einer »Priesterschaft« zuzuspekulieren.

La Disputà del Sacramento

In gewisser Weise tun uns, wenn wir wach sind, die Gegenmächte einen Dienst. Indem sie, wie unter einem inneren Zwang, es nicht unterlassen können, das wahre Göttlich-Urbildliche nachzuäffen, enthüllen sie sich nicht nur selbst in ihrer dämonischen Spiegel-Grimasse, sondern weisen im Gegenzug auf das hin, was als Positivum in unserer Zeit ergriffen werden soll.

Der Maler Raffael hat dieses positive Leitbild in einem großen Gemälde dargestellt. Als tiefem Kenner der christlichen Mysterien war es ihm klar, daß in der Bewußtseinsepoche der aufgehenden Neuzeit das Geheimnis der Materieverwandlung zum zentralen Anliegen aller Erkenntnisanstrengungen werden müsse. So stellt er die Transsubstantiation im Sakrament wegweisend vor die Seelen der Zeitgenossen hin, indem er das Altargeschen zum Mittelpunktsmotiv seines vermächtnishaften Bildes »La Disputà del Sacramento« erhebt.

Um einen Altar in der Bildmitte versammeln sich die Großen der Zeit, die Häupter der Menschheit, Gelehrte, Künstler und Kirchenfürsten strömen zusammen, unter allen Zeichen des höchsten Interesses und Erstaunens sich gegenseitig mit lebhafter Gestik aufmerksam machend auf das, was sich auf dem Altar vollzieht. Von oben her, über einer von Engeln getragenen Wolkenbank aufgereiht, gesellt sich eine weitere Schar von Beteiligten dazu: die Vorangegangenen, die aus der Welt jenseits mit brennender Anteilnahme das irdische Geschehen verfolgen. Eine himmlische und eine irdische Konferenz konzentrieren sich gemeinsam auf das Zentralmysterium der Erdengeschichte – La Disputà del Sacramento: Auf

dem Altar, dort, wohin die enthusiastischen Gebärden all der Gestalten weisen, ist in der Monstranz erhöht die heilige Hostie ausgestellt, das geweihte Brot, das, aufleuchtend, zum schimmernden Leib des göttlichen Wesens wird.
Wenn wir dieses Urbild mit seiner starken Leuchtkraft vor unser Bewußtsein rücken, fällt von daher ein Licht auf die Problematik unserer Zeit. Wir verstehen, weshalb von den atomphysikalischen Vorstellungen der Stoffumwandlung eine derartige magische Faszination ausgeht. Wir verstehen, daß von widersacherischen Gewalten, welche die Menschheit in ihrem Sinne manipulieren wollen, exakte Gegenbilder gebraucht werden, um den Seelen die Urbilder zu verstellen und sie so in die Irre zu führen.
Schließlich wird uns mit unausweichlicher Klarheit deutlich: Alles kommt heute darauf an, daß sich Menschen finden, die diese Zusammenhänge durchschauen und daraus die Konsequenzen ziehen. Menschengruppen muß es von jetzt an geben, die sich mit ebenso großem Einsatz, wie er heute von Hunderttausenden für die Entwicklung der Kernenergie geleistet wird, um die Altäre scharen, wo die wahre, urbildliche Materieverwandlung stattfindet.
Wird das Urbild – von modernen Gemeinden und einer neu inspirierten Priesterschaft – stark ergriffen, so gewinnt unsere Welt den ordnenden und heilenden Lebensmittelpunkt. Denn in Brot und Wein, die im sakramentalen Vollzug als Leib und Blut Christi aufleuchten, beginnt durch eine gnadenvolle Alchimie die apokalyptische Erde zu entstehen, die sich aus unserem ersterbenden Planeten für den Weltenfortgang herausgebären soll.

Umgang mit dem Bösen

Zu den Aufgaben, die unser Jahrhundert seiner Menschheit stellt, gehört die Zumutung, sich in offener Gegenüberstellung mit den Mächten des Bösen auseinanderzusetzen.
Das ist eine durchaus neue Situation gegenüber aller Vergangenheit. Man hat in früheren Zeiten zwar viel vom Bösen gesprochen; man hat den »Teufel« gefürchtet und vor dessen Anschlägen gewarnt. Man hat in dem unheimlichen Gefühl gelebt, daß den Seelen ständig Angriffe aus dem Reich der Dunkelmächte drohen, und man hat sich bemüht, durch strenge Lebensregeln und Gebete sich gegen dämonische Wesen zu feien und gute Gotteskraft zur Erlösung des Menschen vom Übel herbeizurufen. Man hat auch in recht handgreiflicher Art immer wieder die unguten Geister dem Volk bildhaft vor Augen geführt. Aber wenn wir die häßlichen Fratzen der Wasserspeier an den mittelalterlichen Kirchen ansehen oder die Schreckgespenster und tierisch-verzerrten Monstren, welche von Malern wie Matthias Grünewald und Hieronymus Bosch geschaffen wurden, oder wenn wir an die Teufelsauftritte in Volkstheater und Puppenspiel denken –, so wird uns klar, daß die ins Mythische gehende Darstellung früherer Zeiten sich in einer ganz anderen Sphäre bewegt, als sich die gegenwärtige Konfrontation mit dem Bösen abspielt.
Heute finden wir die Mächte des Bösen mitten in der Tatsachenwelt, in der wir tagtäglich darinnenstehen. Vielleicht ist es gerade deshalb, daß wir nicht gerne viel darüber sprechen, daß wir uns scheuen, Bildelemente zu gebrauchen, wie sie in den Märchen als Unholde, Hexen und Teufel auftreten, daß wir gar mit raffinierten psychologischen Erörterungen die

Existenz eines wesenhaften Bösen ganz und gar wegzuleugnen suchen. Hinter diesem Bestreben mag man den naheliegenden Versuch erkennen, etwas aus dem Bewußtsein zu verdrängen, dem man sich nicht gewachsen fühlt – gerade, weil es einem allzunahe auf den Leib gerückt ist. Bei einer rückhaltlos ehrlichen Einschätzung der Lage müßten wir Menschen der heutigen Zeit uns eingestehen: Das Böse ist fortwährend mitten unter uns, so nah und nackt, wie es noch nie vorher der Fall war. Es hat das Gewand einer schaurig-gemüthaften Teufels-Romantik abgelegt und erscheint unverbrämt als Vernichtungsmacht, als Zersplitterer und Zertrümmerer der Menschenerde. Als solcher ist der Widersacher auf Schritt und Tritt unser Weggenosse geworden; er mischt sich in die Wahrnehmungen unserer Sinne und die Bildung unserer Begriffe, verfremdet unser Empfinden und legt sich in Gestalt von Auslöserknöpfen zerstörerischer Höllenmaschinen unversehens unter unsere Fingerspitzen.
Es gibt wohl keinen Zweifel darüber, daß in der Tragödie des atomaren Selbstmordprogramms, das gegenwärtig rund um die Welt mit wahrem Unheilseifer betrieben wird, der Teufel seine klassische Erfolgsrolle spielt.[20] So weit es an ihm liegt, ist alles dazu vorbereitet, daß dieses Stück das »Endspiel« der Menschheit werden soll.*
Auch von Seiten der Befürworter und Hersteller von Atomenergieanlagen – soweit sie sich nicht nur an der Oberfläche der Verdienst-Euphorie treiben lassen, sondern sich tiefgründiger mit der Eigenart ihres Handwerks befassen – wird nicht bestritten, daß wir im Umgang mit den Nuklearkräften einen Verkehr mit der Macht des Bösen aufgenommen haben. Ja, man kann von dieser Seite sogar mit einem gewissen Stolz verkünden hören, es sei ein Gebot der Stunde, daß der Mensch mit den Widersachern umgehen lerne, daß er ihr We-

* Vgl. Jonathan Schell: Das Schicksal der Erde.

sen erkenntnismäßig durchschaue und sie dann »gezähmt« und unter Kontrolle des menschlichen Bewußtseins in sorgsam zubereiteten, überschaubaren Mechanismen zum Nutzen der Welt arbeiten lasse.
Das hört sich modern und bestechend fortschrittlich an. Und doch kann solche selbstbewußte Rede nicht ein gewisses Unbehagen übertönen, das sich im Herzen regt angesichts der gewaltigen Zerstörungsmächte, mit denen hier »Umgang« angepriesen wird. Sind nicht die Betreiber der Atomtechnologie ebenso schwache Menschen wie alle anderen? Klingt es nicht wie tollkühner Übermut, wenn da schnellfertig von Zähmen und Kontrollieren gesprochen wird? Was heißt überhaupt »Umgang«, wo es darum geht, ein Begegnen von Menschenkräften mit weltenmächtigen Gewalten ins Auge zu fassen? Hat da nicht Paulus den einzig realistischen Standpunkt eingenommen, wenn er in seinem Brief an die Epheser (Kapitel 6) von dem Kampf spricht, der zu führen ist »nicht gegen Wesen aus Fleisch und Blut, sondern gegen Herrschermächte und -gewalten, die in der Finsternis wirken und die in der geistigen Wirklichkeit der Welt die Macht des Bösen selbst sind«, und dazu aufruft, zu begreifen, daß es gilt, für diese Auseinandersetzung eine Waffenrüstung anzulegen, welche die Kraft einer höheren Macht des Guten vermittelt? Nur so kann der Kampf bestanden werden, wenn der untermenschlichen Todesgewalt eine übermenschlich-göttliche Lebensmacht entgegengesetzt werden kann. Nur als Christus-Streiter darf der Mensch es wagen, den ihm weit überlegenen Widersacherwesen gegenüberzutreten, nur durch die »Waffenrüstung Gottes« kann er ihren zielbewußten Angriffen standhalten. Was heißt das in der Gegenwart?

Das Doppelantlitz

Wir müssen uns am Urbild orientieren, um für alle Wechselfälle des Lebens gerüstet sein zu können. Der »Menschensohn«, der das menschliche Wesen urbildlich verkörpert, erfährt auch die Begegnung mit dem Bösen in urbildlich-mustergültiger Weise und wird dadurch selbst für die zukünftige Weltgeschichte zum großen göttlich-menschlichen Lehrbeispiel, an dem Maß genommen werden kann. Wir müssen die »Versuchung« des Christus Jesus im Evangelium studieren, um daraus zu lernen, was Auseinandersetzung und »Umgang« mit der Gegenmacht im Menschenleben bedeuten kann.*

Die erste Erkenntnis, die uns dabei zuteil wird, ist: daß das Widersacherwesen in verschiedenen Gestalten auftritt. Der »Teufel« ist nicht eine einfach-einheitliche Figur, sondern erscheint – die höchste göttliche Trinität in ihr Gegenteil umkehrend – in dreifacher Gestalt. Es ist also nicht mit Pauschalansichten getan, wenn konkret vom Bösen die Rede sein soll; vielmehr muß differenziert mit klarer Unterscheidung das Widersacherwesen in seinen verschiedenen Gesichtern erkannt werden.

Zunächst handelt es sich darum, die zwei ersten Anläufe der Versuchermacht in ihrer eigenen Gegensätzlichkeit zu unterscheiden. Dieses »Doppelantlitz« des Bösen** hat Rudolf Steiner für unser modernes Bewußtsein klassisch zur Darstellung gebracht in seiner Holzplastik des »Menschheitsreprä-

* Matthäus 4 und Lukas 4

** Siehe das Buch von Alfred Schütze: Das Rätsel des Bösen.

sentanten« im Dornacher Goetheanum. Man sieht dort die menschlich-menschheitliche Gestalt, den Menschensohn, hochaufgerichtet ihren Weg gehen zwischen zwei Wesen, die ihre Machtbereiche oben und unten, in den Höhen und Tiefen der Welt, haben und von diesen entgegengesetzten Positionen her ihre Herrschaft ausüben wollen.

In dem Wesen der Tiefe, das sich in die Stofflichkeit des Irdischen verkrallt und zugleich von den bannenden Schwerekräften selbst gefesselt ist, wird man unschwer die Versuchermacht wiedererkennen, von der das Evangelium sagt, daß sie den Christus mit der Sorge um die Nahrung, mit dem Ansinnen, aus Steinen Brot zu machen, beschäftigen und auf seinem Weg aufhalten will. Der Menschheitsrepräsentant bekämpft dieses Wesen nicht, denn es spricht ja ein berechtigtes Anliegen aus. Die Besorgung der materiellen Bedürfnisse gehört als notwendiger Bestandteil zum irdischen Leben. Der Geist der Schwere hat seine Aufgabe im Stoffbereich. Aber »der Mensch lebt nicht vom Brot allein...« Der Blick muß sich auch zur Höhe richten, dann wird er dem Materialismus »Ahrimans« nicht einseitig verfallen.

Im Höhenbereich oberhalb der Mittelfigur werden wir ein anderes Wesen gewahr, das mit Flügeln begabt ist, dem aber offensichtlich vor der ruhigen Strahlkraft des Menschensohnes die eigene Kraft versagt, so daß es ohnmächtig herabstürzt. Wieder bemerken wir die Verwandtschaft zur Evangelienszene, wo der zweite Anlauf der versucherischen Macht bekanntlich darin besteht, daß Christus aufgefordert wird, sich von den Zinnen des Tempels herabzustürzen. Er soll die Erdanziehung in ihrem Schwerewirken außer Kraft setzen und sich so der echten Verbindung mit dem irdischen Leben entziehen. Aber er weist das Ansinnen der Erdflüchtigkeit als einseitige Abirrung von sich, und der Träger der »luziferischen« Illusionen muß sich auf das ihm zustehende Gebiet der Innerlichkeit zurückziehen.

Der Menschheitsrepräsentant geht seinen Weg zielbewußt und ruhevoll zwischen den Mächten der Höhe und der Tiefe, Luzifer und Ahriman. Durch sein mittehaltendes und mittebildendes Schreiten selbst werden die Mächte der polaren Einseitigkeiten in ihre Schranken gewiesen. Sie wirken beide aus ihren Machtbereichen in das Menschenwesen herein. Ihre Kräfte werden gebraucht im Leben: damit der Mensch im materiellen Wesen seines Leibes die sichere Basis für sein Erdenwerk und im Höhenflug zum Schönen die ideale Aufschwungskraft der Seele zum Himmlischen finden kann.
Die Mächte begegnen sich im Menschen. Sie werden in ihm aus ihrer doppelgesichtig-einseitigen Verzerrung erlöst, indem sie sich gegenseitig ins Gleichgewicht setzen. Der Menschensohn trägt und ordnet das Leben der Welt zur Harmonie. Er kämpft nicht gegen das Böse und gibt nicht vor, es zu zähmen. Auf dem Schauplatz seines eigenen reinen Mensch-Seins kommt das Verkehrte, Abgeirrte zum Wesensausgleich. Auf diese Weise erkennen wir das Doppelantlitz des Bösen und können gerüstet sein für die notwendige zwiefache Herausforderung. In der Nachfolge Christi können wir uns auf den Weg begeben, in allem Sein und Schaffen um die Balance zwischen den großen Gegensätzlichkeiten des Lebens und ihre Befriedung zu ringen.
Was aber ist mit der dritten Versuchung, von der das Evangelium berichtet? Hier scheint sich ein Mysterium zu verbergen – die Frage nach der Herrschaft über alle Reiche der Welt –, das nicht so klar ins Bild zu bringen, das aber für unsere gegenwärtige Zeit von besonderer Aktualität und dessen Erkenntnislösung vordringlich anzugehen ist.

Das Gottesreich und der Atomstaat

Ohne sich darüber Rechenschaft zu geben, ist die Menschheit heute einer neuen und großangelegten Attacke durch die Mächte des Bösen ausgesetzt: wir stehen in dem Geschehen einer »dritten Versuchung« mitten darin. Der dritte Anlauf des Widersachers ist zugleich der letzte; die Auseinandersetzung nimmt den Charakter eines Entscheidungskampfes an. Erschwert ist die Situation durch die besondere Art der Maskierung, in der dieses dritte Böse auftritt. Während die Mächte der Höhen und der Tiefen, Luzifer und Ahriman, in ihrem abgeirrten Wesen deutlich zu erkennen sind und durch ihre extreme Einseitigkeit geradezu nach dem Akt der Vermittlung durch die Gestalt des Menschensohnes rufen, geht »das Böse der dritten Art« darauf aus, sich selbst an die Stelle der maßgebenden Mitte zu setzen und damit den eigentlichen Menschenweg selbst zu blockieren. Gelänge dem Usurpator dieses Unterfangen, so wäre der Menschheitsentwicklung ihre Zukunft abgeschnitten. Deshalb gibt es dieser Macht gegenüber nur eine bedingungslose Abwehr, nur – wie Hermann Kükelhaus formuliert – die entschiedene »geistige Intensität des Heiligen«, die das »kosmische Karzinom« der angemaßten Macht »zerstrahlen« kann.*

Im Evangelium wird die Angelegenheit so geschildert: Der Widergeist naht sich verführerisch-scheinheilig als Vermittler eines großartigen Angebots. Er führt den zu Prüfenden auf einen »sehr hohen Berg«, um ihm einen Überblick über die »Reiche der Welt« zu geben, als deren Herr und Verfügungs-

* Zitiert nach Barbara Nordmeyer: Zeitgewissen.

gewaltiger er sich aufspielt. Alle Pracht und alles Vermögen jener Reiche zeigt der »Fürst dieser Welt« wie in einem Brennpunkt der Zeit hineinkonzentriert und will so die naheliegende Illusion erwecken, all das Gesehene könne ein – im Gewaltstreich des Augenblicks – zu erwerbendes Besitzgut sein. »Ich will dir dies alles geben – wenn du dafür, dich meinem Geist unterwerfend, dich mir hingibst...«
Auf dieses Ansinnen, die Hingabekraft als Kaufpreis für ein weltliches Gut einzusetzen, – auf eine derartige Perversion im innersten Freiheitsraum der Menschenseele ist die einzig mögliche Antwort die radikale Zurückweisung. Der »Menschensohn«, der in die Zukunft voranschreitende Menschheitsrepräsentant, schleudert dem Versucher sein kompromißloses »*Weiche von mir, Macht des Bösen!*« entgegen und schlägt ihn damit aus dem Feld. Für den, der die Zukunft im richtigen Licht erblickt, ist die Versprechung der Weltherrschaft keine Verlockung, der er anheimfallen könnte. Gerade weil er selbst ein eindeutiges »Reichsanliegen« verfolgt. Christus will durch alles, was er ist und was er tut, der Menschheit den Weg weisen zu einem Weltreich des Friedens, zu einer neuen umfassenden Sozialgestalt der Zukunft. Doch die Einheit dieses Gottesreiches kann nicht »im Augenblick« gewonnen werden; sie muß wachsen, in langsamem, organischem Prozeß, aus den freien Entwicklungsmöglichkeiten der Seele heraus. Allem, was die Einheitlichkeit mit äußeren Mitteln bewirken will, kann von dem Menschen-Ich, das sich selbst in seiner Gottesunmittelbarkeit begreift, nur die absolute Absage erteilt werden.
Hier kann es sich nicht darum handeln, eine Weltenkraft in ihrer Einseitigkeit zu verstehen, eine Abirrung durch die Gegenwirkung auszugleichen und richtig in das Ganze einzuordnen. Die dritte Kraft des Bösen kann, weil sie die Mitte selbst zu usurpieren strebt, nur durch unbedingte Abweisung besiegt werden. In diesem Kampf geht es um Sein oder

Nichtsein. Wenn die Menschheit auf das verkehrte »Reichsangebot« hereinfällt, stimmt sie ihrer eigenen Vernichtung zu, der Auslöschung der Menschlichkeit im Miteinander. In diesem Fall ist die Verneinung des Verneiners der einzige Weg zu seiner Überwindung.

Heute drängen sich uns vielfache Reichssuggestionen auf – in Gestalt von Ideologien und Doktrinen, von Programmen und Patentrezepten, von Gruppen- und Sachzwängen. Am gefahrdrohendsten jedoch und wie zu höchster vernichtender Entschlossenheit gesteigert, erscheint uns das Antlitz des dritten Widersachers in der Maske, die er sich mit dem Schlagwort ATOM aufgesetzt hat.

Nachdem in jahrhundertelanger Vorgeschichte die atomistische Weltanschauung im Gedankenbereich ihren Siegeszug über die Welt vollendet hat, ist seit der Mitte dieses Jahrhunderts auch die Gemüts- und Empfindungswelt von dem Atomdämon in Bann geschlagen worden, indem die Sorge um das Überleben, das Schreckbild des »atomaren Holocausts«[21] die Menschenseelen in Angstgefühlen erstarren lassen. Jetzt ist das Feld vorbereitet, um zum letzten entscheidenden Anlauf auszuholen: Nun sollen die Einrichtungen gesellschaftlicher Art geschaffen werden, die eine weltweite Terrorherrschaft über die Menschheit möglich machen durch die Diktatur der Megatechnik, den »Atomstaat«.

Wenn wir hören, wie skrupellose Befürworter der Kernenergie ihre »globalen Strategien« entwickeln, die darauf abzielen, einen zentral geführten Weltstaat zu verwirklichen, dessen Organisation »eine bisher nie erreichte, über Jahrtausende anhaltende Stabilität der gesellschaftlichen Institutionen« gewährleisten soll, weil in ihm »eine neue Technologie und eine neue Struktur eine Symbiose eingehen«, – dann erkennen wir, geschult am Urbild, unmittelbar den enthüllenden Stimmklang wieder und wissen, welches Wesen durch derartige Formulierungen spricht. Eine weitere Decouvrierung ist im Grunde nicht erforderlich; doch ist es aufschlußreich (und bestürzend zugleich) wahrzunehmen, wie bis in die Einzelheiten hinein die Widersacherwesen sich selbst, wie unter einem inneren Zwang, entlarven müssen. »Dies alles will ich dir geben, wenn du vor mir niederfällst«,* heißt es im Evangelium. Wenn der moderne Atomideologe seine Inspirationen vorträgt, wird keine Widerrede geduldet, sagen die Berichterstatter; vielmehr haben die Belehrten »mit erkennbaren Zeichen der Begeisterung zuzuhören«. Und er selbst, geschwellt von »mythischem Sendungsbewußtsein«, brüstet sich am Ende: »Die haben vor Begeisterung auf dem Bauch gelegen!«

Es ist kein Zweifel: Die heute auf Hochtouren laufende »Plutoniumwirtschaft« ist im Begriff, den Weg zum totalen Staat (wie wir ihn bisher aus George Orwells »1984« kennen und fürchten gelernt haben) nachgerade unausweichlich zu programmieren. Deshalb weisen wache Sozialforscher eindringlich darauf hin, »daß es bei den Auseinandersetzungen um die Atomindustrie nicht nur um die biologische und ökologische Zukunft, sondern auch um Freiheit und bürgerliche Rechte geht«.**[22]

Das usurpatorische System, das sich überdeutlich als exaktes Gegenbild des Christus-Reiches der Zukunft enthüllt, versucht seinen Erfolg nach allen Seiten mit Perfektion zu sichern: Wer nicht mitmachen will, wird durch die »34 diabolischen Instrumente zur Disziplinierung widerspenstiger Bürger« zur Räson bzw. zum Stillschweigen und Stillhalten gebracht, die von dem eigens darauf angesetzten »Human Engineering Laboratory« zur ingenieurmäßigen Manipulation menschlicher Störfaktoren entwickelt wurden. Wer aber tat-

* Von griech. pros-kyneo = wie ein Hund vor dem Herrn am Boden kriechen.

** Zitiert nach Robert Jungk: Der Atomstaat.

sächlich mit von der Partie ist, wird sich auf andere Weise in seiner Menschlichkeit wirksam ausgeschaltet finden, wenn er z.B. als Mitarbeiter eines Kernkraftwerks von morgen der totalen apparativen Kontrolle unterliegt, die ihn als robotergleichen Bestandteil eines megamaschinellen Systems identifiziert, integriert, entindividualisiert.[23]

Wir haben genug gesehen, um den Geist zu erkennen, der uns aus den Einrichtungen entgegentritt, welche aus den scheinbar so harmlosen Demokritschen Atömchen von einst bis zur gegenwärtigen Stunde hervorgegangen und nun zum Waffenarsenal der dritten Widersachermacht geworden sind. Wir haben genug gesehen, um Klarheit darüber zu gewinnen, daß es der Weltmacht ATOM gegenüber nur das entschiedene NEIN, das bedingungslose *Weiche von mir, Menschheitsvernichter* geben kann, wenn die Zukunft, der Weg des Menschen-Sohnes, gerettet werden soll. Das ist der Schluß und Entschluß, der letztlich aus einer zeitgemäßen Erörterung der »Fragen des Atomzeitalters« hervorgehen muß.

Von der angestellten Betrachtung fällt nunmehr auch Licht auf die sonst schwerverständliche Stelle des Evangeliums, wo Christus es als Erkennungsmerkmal für seine Wiederkunft anführt, daß »der Greuel der Verwüstung – der Leser merke auf! – an heiliger Stätte stehen wird« (Matthäus 24) oder: »dort, wo er nicht sein soll« (Markus 13). Dieses Mysterienwort hat sich heute erfüllt. Das aggressive Auftreten des finsteren Usurpators wird uns zum Zeichen, daß der Herr des Lichtes nahe ist. Wo Christus ist, treten die Widersacher zum Kampf an. Wo die Versucher sich zu Wort melden, ist der Menschensohn nicht ferne. Das Jahrhundert der Wiederkunft Christi muß zugleich das Jahrhundert des Entscheidungskampfes sein. Es kommt darauf an, daß sich eine genügende Anzahl von Menschen bewußt auf die Seite des Kommenden stellt; dessen, der in Wahrheit an der »heiligen Stätte«, am Erden-Altar, stehen soll.

Mut zum Verzicht

»Wir sollen darauf verzichten, Systeme zu betreiben, die wir einfach nicht verstehen.«

Es erregt heutzutage Aufsehen, wenn eine wissenschaftliche Kapazität Einsichten äußert, die dem gesunden Menschenverstand selbstverständlich sein sollten. So hat es Staub aufgewirbelt – und natürlich auch Widerspruch herausgefordert –, als Professor Joseph Weizenbaum (USA), ein namhafter Fachmann des Computerwesens, in einem Interview[24] dafür eintrat, daß die Überlebenschance der Menschheit von einem selbstkritischen Entschluß zum Verzicht, vom Mut zum Abschalten und Abschaffen (!) abhänge. Atomtechnik ist mit der Computertechnik eng verschwistert und ohne sie letztlich gar nicht vorstellbar. Und für beide gilt in gleicher Weise, was Weizenbaum so formuliert: »Die Systeme funktionieren zwar... Aber wir verlassen uns heute absolut blind auf die Richtigkeit ihrer Arbeit... Wir sollten darauf verzichten, Systeme zu betreiben, die wir einfach nicht verstehen.«

Dies ist das ehrliche Wort eines Mannes, der weiß, wovon er spricht. Er weiß nämlich – und dadurch profiliert er sich als echter, ernsthafter Wissenschaftler der Spitzenklasse –, daß er *nichts weiß* über die wahre Natur der Kräfte, mit denen er umgeht. Vielleicht mögen sich die Techniker und Ingenieure über diese bestürzende Lage der Dinge oftmals hinwegtäuschen; und der »Laie« läßt sich von der Meisterschaft ihres äußeren Know-how beeindrucken und bestaunt gern die Fachkenner wie Halbgötter. Tatsache aber ist, daß wir nicht überschauen, welchem Geist wir uns verschreiben, wenn wir die neuen Naturgewalten atomarer und elektronischer Abstammung nutzen und uns von ihnen in wachsendem Maße abhängig machen. Oder ahnen wir es doch? Sind wir nicht viel zu schnell bereit gewesen, auf die Knie zu fallen und die Mächte, die uns Herrschaft über alle Welt verheißen, anzubeten? Heißt es nicht heute, sich besinnen, Einhalt zu gebieten, »gegen den Imperialismus der instrumentellen Vernunft«* ein entschiedenes »Weiche von mir!« auszusprechen? »Mir ist klar, dies würde den großen Fortschritt sehr, sehr verlangsamen. Wir müßten alle diese Systeme in Ruhe untersuchen und uns langsam herantasten, sie entweder zu verstehen und zu beherrschen oder abzuschaffen. In diesem Sinne bin ich für das Abschaffen, in diesem Sinn! Das ist eine hochrationale Haltung. Jede andere ist kriminell« (Weizenbaum).

Der Schweizer Schriftsteller Friedrich Dürrenmatt hat schon lange den Finger auf diesen kritischen Punkt gelegt. In seinem satirischen Drama »Die Physiker«[25] schildert er das tragische Schicksal eines hochbegabten Forschers, der bedingungslos Ernst machen will mit der Verantwortung, die ihm aus seiner Wissenschaft erwächst. »Es gibt Risiken, die man nie eingehen darf: der Untergang der Menschheit ist ein solches«, sagt der Physiker Möbius auf der Bühne. »Dieser Einsicht habe ich mein Handeln untergeordnet... An der Universität winkte Ruhm, in der Industrie Geld. Beide Wege waren zu gefährlich... Die Verantwortung zwang mir einen anderen Weg auf. Ich ließ meine akademische Karriere fahren, die Industrie fallen und überließ meine Familie ihrem Schicksal. Ich wählte die Narrenkappe...« Er sieht in seiner radikalen Konsequenz keinen anderen Weg, als sich im Irrenhaus zu verbergen. »Unsere Wissenschaft ist schrecklich geworden, unsere Forschung gefährlich, unsere Erkenntnis tödlich. Es gibt für uns Physiker nur noch die Kapitulation vor der Wirklichkeit.

* Kapitelüberschrift aus dem Buch »Die Macht der Computer und die Ohnmacht der Vernunft« von Joseph Weizenbaum.

Sie ist uns nicht gewachsen. Sie geht an uns zugrunde. Wir müssen unser Wissen zurücknehmen, und ich habe es zurückgenommen. Es gibt keine andere Lösung...« Der erschütternde Aufschrei eines Bewußtseins, das sich am Abgrund selbst begreift, kann den Hörer bis ins Mark treffen. »Wir sind wilde Tiere. Man darf uns nicht auf die Menschheit loslassen.«

Seit Dürrenmatts Stück über die Bühne geht, hat es ungezählte Menschen aufgerüttelt. Und nur die Kunst des Dichters, der die deprimierende Ausweglosigkeit in die Form einer grotesken Komödie zu bringen weiß, schützt deren Zuschauer davor, selbst in verzweifelten Wahnsinn zu verfallen. Doch ist dafür gesorgt, daß die Wunde offenbleibt und der Schmerz uns nicht wieder zur Ruhe kommen läßt, indem der paradoxe Gang der Handlung uns unerlöst in Sinnlosigkeit entläßt. Die Losung »Nur im Irrenhaus sind wir noch frei« führt in die Irre. Das wildentschlossene Opfer der Physiker: »Entweder bleiben wir im Irrenhaus, oder die Welt wird eines. Entweder löschen wir uns im Gedächtnis der Menschen aus, oder die Menschheit erlischt«, darf nicht das letzte Fazit sein. Und dennoch wird deutlich: Ohne die Bereitschaft zum Verzicht ist die Zukunft der Menschheit nicht zu retten; aus der Sackgasse führt kein Weg heraus, wenn wir nicht die Kraft aufbringen, aus Einsicht innezuhalten. Dies ist ein Appell an jeden einzelnen erkennenden Menschen. »Zumindest muß jedes Individuum so handeln, als ob die gesamte Zukunft der Welt, der Menschheit selbst, von ihm abhinge. Alles andere ist Ausweichen vor der Verantwortung...« (Weizenbaum).[26]

Der Fall Majorana

Hier muß als Realpendant zu Dürrenmatts Möbius-Gestalt das Bild einer historisch-wirklichen Persönlichkeit in Erinnerung gerufen werden, deren Schicksal sich wie ein großes Lehrbeispiel in unser Jahrhundert hineinstellt. Es nimmt vor der Kulisse der atomaren Tragödie den Charakter eines Sinnbildes an, das zum geistigen Erwachen aufrufen will. Der Lebensgang des Atomforschers Ettore Majorana geriet seinen Weggenossen zunächst zur unauflösbaren Rätselrune. Aus dem Abstand der Jahrzehnte jedoch enthüllt sich im Rückblick der Symbolwert, welcher dem Aufflammen und spurlosen Erlöschen eines Genieblitzes von einzigartiger Leuchtkraft innewohnt. *Das Verschwinden von Majorana* (»La scomparsa di Majorana«) wird zum *Wahrzeichen des gewählten Verzichts.* Und so unbedingt ist die Konsequenz der bewußt geübten Zurücknahme, daß er das Verwischen der eigenen Spuren einschließt. Kaum erinnert man sich heute an die Tat von Ettore Majorana. Und doch gehört die Figur seiner Forscher-Biographie als unentbehrliche Letter in das Textbuch unseres Jahrhundertdramas; sie darf bei der Entzifferung der Zeitgeschichte nicht übersehen und nicht vergessen werden.[27]

Um das Gewicht zu ermessen, das dem rätselhaften Ausgang des Majorana-Schicksals zukommt, muß man wissen, daß der junge Physiker, als er Ende der 20er Jahre im Kreis um Enrico Fermi in Erscheinung trat, sofort als überragendes Genie erkannt wurde. 1929 hat er dort mit seiner Arbeit über die »Quantentheorie der radioaktiven Atomkerne« in theoretischer Physik promoviert und dafür die Note *summa cum*

laude erhalten. Fermi schrieb später über seinen Doktoranden, obwohl das Verhältnis zwischen ihnen nie recht herzlich, sondern eher von einer gewissen Gegnerschaft im Wettkampf geprägt war, objektiv: »Ich zögere nicht, Ihnen zu erklären, und ich übertreibe nicht, daß unter allen Gelehrten, italienischen und ausländischen, die ich Gelegenheit hatte, näher kennenzulernen, Majorana derjenige war, dessen geniale Begabung mich am meisten beeindruckt hat.« Und er bemerkt, daß es Wissenschaftler verschiedener Kategorien gebe, außerdem aber »noch die Genies wie Galilei und Newton. Ettore Majorana war eben ein solches Genie.«
Der junge Mann aber hatte den großen Meister, bevor er in näheren Kontakt zu ihm trat, seinerseits einer Prüfung unterzogen: Als er 22jährig zum ersten Mal das Insitut für Physik in Rom betrat, zeigte Fermi die Ergebnisse seiner neuesten Forschung und erläuterte insbesondere eine gewisse Tabelle von Werten, die sich aus dem sogenannten statistischen Thomas-Fermi-Modell ergaben. Majorana hörte interessiert zu und ging später ohne weiteren Kommentar weg. Am anderen Tag stand er wieder vor der Tür mit der Bitte, ob er die Tabelle noch einmal sehen dürfe. Als er sie vorgelegt bekam, zog er einen kleinen Zettel aus der Tasche, auf dem eine entsprechende Tabelle stand, die er sich über Nacht selbst nach komplizierten (und, wie sich später zeigte, neuartigen) Gleichungen aufgestellt haben mußte. Er verglich die Tabellen miteinander und erklärte dann, die Tabelle von Fermi stimme (!). Und auf diese Feststellung hin entschloß er sich zum Antritt des Studiums bei dem für gut befundenen Lehrer.
Von diesem Vorkommnis fällt ein Licht auf die Denk- und Arbeitsweise Majoranas. Was Fermi und seine Mitarbeiter mit dem Rechenschieber und auf der Wandtafel berechneten, das machte er im Kopf und war bereits fertig, wenn die anderen zu ihrem Resultat gelangten. Wenn er morgens mit der

Straßenbahn ins Institut fuhr, kritzelte er komplizierte Formeln auf ein Zigarettenpäckchen. Wenn er aber dann seine neue Idee den Kollegen erläuterte und »kaum, daß die andern ihm zustimmten, sich von seiner Idee begeistert zeigten, ihn drängten, sie zu veröffentlichen, zog sich Majorana wieder in sich zurück, murmelte etwas von Kindereien, über die es sich nicht zu diskutieren lohne und warf ... das leere Päckchen mit allen seinen Berechnungen und Theorien in den Papierkorb«. Auch die Theorie des Atomkerns, eines Nobelpreises wert, die nachmals von Heisenberg veröffentlicht und nach ihm benannt wurde, landete auf diese Weise bei den Abfällen des römischen Instituts. Majorana verbot es Fermi ausdrücklich, davon bei einem Physikerkongreß in Paris auch nur zu sprechen; und als dann die Theorie als Entdeckung Heisenbergs gefeiert wurde, bedauerte er dies keineswegs, sondern schien es mit einer Art von erlöster Dankbarkeit zu empfinden. Sciascia sagt: »Heisenberg ist für ihn wie ein unbekannter Freund, der ihn, ohne es zu wissen, ohne ihn zu kennen, vor einer großen Gefahr gerettet, ihm ein Opfer erspart hat.« 1933 sucht Majorana Heisenberg in Leipzig auf, und diese Begegnung muß für ihn eine wesentliche Rolle gespielt haben (während er über Niels Bohr schon damals kurzerhand urteilt, er scheine spürbar kindisch geworden). »Ich stehe in bestem Einvernehmen mit Heisenberg.« Er hatte in ihm nicht nur einen ebenbürtigen Partner gefunden, sondern einen, auf den er die überschwere Verantwortung, die auf seiner Seele lastete, gewissermaßen übertragen und sich selbst dadurch für andere Aufgaben befreien konnte.
Was mag im Innern dieses Menschen, der mit der Gabe eines totalen Durchblicks beladen war, in jener Zeit vorgegangen sein! Hat er die fernen und furchtbaren Perspektiven des sich anbahnenden Atomzeitalters in aller Form vorausgeschaut? Bei der ihm eingeborenen »natürlichen Tendenz, seiner Zeit vorauszueilen, die in manchen Fällen etwas Prophetisches an

sich hatte« (wie der Physiker-Kollege Edoardo Amaldi sie ihm bescheinigt), erscheint diese Annahme durchaus naheliegend.
Nachdem der Kontakt zu Heisenberg hergestellt war, kehrte er zwar nach Rom, aber nicht zu den Physikern (»Diese Narren...«) zurück. »Die Physik ist auf einem falschen Weg«, soll er in jener Zeit wiederholt geäußert haben. Vier Jahre lang verläßt er das Haus nur selten... »Sein Interesse für Philosophie, das immer sehr lebhaft gewesen war, hatte sich noch erheblich gesteigert.« Man weiß, daß er unentwegt geistig arbeitete, »eine ganz ungewöhnliche Anzahl von Stunden«. Aber womit er sich beschäftigte, erzählte er niemandem. Nur aus versprengten Andeutungen ist die Richtung zu entnehmen, die er innerlich eingeschlagen hatte. Alle schriftlichen Aufzeichnungen aus jener Zeit hat er später verbrannt. Offenbar suchte er nach einem Weg – oder soll man sagen »Ausweg« –, auf dem mit der Exaktheit naturwissenschaftlichen Denkens neue Formen des sozialen Lebens, der gesellschaftlichen Zukunft zu erreichen wären. Eine erhaltene Arbeit über »Die Bedeutung statistischer Gesetze für die Physik und die Sozialwissenschaften«[28] weist in die besagte Richtung. Er schreibt darin von der Aufgabe, »ein unmittelbares und konkretes Zeugnis über die Wirklichkeit vorzulegen, deren Deutung eine besondere Kunst erfordert, nicht zuletzt als Hilfe für die Kunst des Regierens«.
Schließlich muß Majorana wohl herausgefunden haben, daß seine häusliche Klausur und das noch so tiefe wissenschaftliche Besinnen nicht die ausreichenden Mittel waren, um die Aufgabe, die er vom Geist der Zeit gestellt sah, zu bewältigen. Es blieb ihm letztlich nur der Schritt, aus dieser gegenwärtigen Welt prinzipiell auszusteigen, um den Abstand zu gewinnen, aus dem einem Geist wie dem seinen ein Einwirken auf die Geschicke der Welt neu möglich würde. – Am 25. März 1938, ziemlich genau neun Monate vor der vollen-

deten Urankernspaltung durch Otto Hahn in Berlin, besteigt er das Postschiff von Neapel nach Palermo. Seit dieser Zeit ist und bleibt er, was seine körperliche Existenz betrifft, für immer verschollen.
Briefe, in geordnetem Geiste abgefaßt, doch mystifizierend im Stil, führen die Leser in labyrinthische Ungewißheit. An den Freund: »Ich habe einen Entschluß gefaßt, der nunmehr unvermeidlich war. In ihm steckt nicht das kleinste Körnchen Egoismus, doch bin ich mir der Unannehmlichkeiten bewußt, die mein plötzliches ›Verschwinden‹ (scomparsa) ... verursachen wird...« An die Angehörigen: »Ich habe nur einen Wunsch: daß ihr euch nicht schwarz kleidet...« Und nochmals, vom Folgetag (26.3.) datiert, an den Freund: »... Das Meer hat mich abgewiesen und ich werde ... zurückkehren...« Viel ist gefragt und gerätselt worden; Vermutungen, Verdachtsmomente, Indizien wurden aufgebracht und hin und her verfolgt. Letztlich bleibt nur das eine gewiß, was der Untergetauchte in seinem letzten Lebenszeichen (vom 26.3.) in die lapidaren Worte ausmünden ließ: »Der Fall ist anders.« Ein bis ins Detail kalkulierter Plan hat zum vollen Erfolg geführt; aller kriminalistischen Raffinesse gegenüber war die größere Intelligenz auf seiten dessen, der von der Bildfläche des äußeren Geschehens zu verschwinden beschlossen hatte.

Mythos der Verweigerung

Und doch zieht der spurlos Verschwundene eine Spur nach sich: Der Professor, der nach allem Dafürhalten die Schiffskabine mit ihm teilte, empfiehlt, doch »im Bereich von Klöstern« nach ihm zu suchen; die Familie hat schon längst vorher von sich aus die Polizei zu einer derartigen Suchaktion veranlaßt; ein Pater Superior meldet auf die Suchanzeige in der Zeitung hin, daß der Abgebildete bei ihm um Aufnahme in ein Exerzitienhaus nachgesucht habe, um Einkehrtage zu halten (allerdings sei er nach vorerstiger Abweisung nicht wiedergekommen). Jedenfalls verstummt das Gerücht nicht, daß es Klosterpforten sein müßten, hinter denen das Geheimnis dieses zeichenhaften Schicksals verborgen liege.
Nach langer Zeit hat sich wieder einmal einer aufgemacht, um Spuren zu suchen, und an das Tor des Kartäuserklosters geklopft: »Vielleicht hat sich jemand in dieses Kloster vor dem Verrat des Lebens gerettet, indem er die Verschwörung gegen das Leben verriet...« Von dem Mönch, der ihn empfing, konnte der Frager nichts erfahren. Aber der Direktor der Zeitung von Palermo wußte zu berichten, daß ihm 1945 ein Laienbruder anvertraut habe, daß im Kloster »ein großer Wissenschaftler lebe«. Das ist lange her. Aber was das Volk gegenwärtig sich erzählt, das ist, daß sich in diesem Kloster einer von der Besatzung der B-29 aufhalte, die die Atombombe über Hiroshima abgeworfen hat. – In diesem Augenblick, als die Rätselrune dieser doppelt unglaublichen Kunde ihm vor das innere Auge trat – so sagt der Berichterstatter –, »erlebten wir eine metaphysische Offenbarung, eine mystische Erfahrung: Wir haben, jenseits der Vernunft, die rationale Sicher-

heit erhalten, ... daß jene zwei gespenstischen Tatsachen, die beide auf den gleichen Punkt hinausliefen, nicht ohne Bedeutung sein konnten... Konnten diese beiden Dinge nicht in Berührung zueinander gebracht werden, sich nicht ineinander spiegeln, sich nicht wechselweise erklären, nicht die Bedeutung einer Enthüllung haben?« (Sciascia)

Wie immer alledem sei, die Zeichensprache, die uns das enigmatische Genie Majorana durch die Elemente seines Schicksals zu lesen aufgibt, spricht einen modernen Mythos aus.

Wer über die Probleme des Atomzeitalters in ihrem Grundgehalt nachsinnt, sollte es nicht unterlassen, den Gewinn, den er aus diesem Mythos ziehen kann, mit in die Meditation einzubringen. Sciascia gibt hier den Namen aus: »Mythos der Verweigerung an die Wissenschaft« – wir möchten am Ende unserer Betrachtung die Dimension erweitern und das Einzelschicksal unter dem Christuslicht in das Gesamtschicksal der Menschheit einordnen, dem im Sinne von Matthäus 4 und Lukas 4 vom Evangelium her die »Verweigerung an die dritte Macht des Bösen« aufgegeben ist.

Der »Fall Majorana« ist letzten Endes »ein religiöses Drama gewesen...«, in dem Sinn, »daß er das religiöse Erschaudern vorauslitt, bei dem wir die Wissenschaft eines Tages anlangen sehen werden...«

Schlußendlich

Was ist das Ergebnis der angestellten Betrachtungen? Dieses Fazit kann jeder Leser nur selbst ziehen. Keineswegs ist gemeint, daß mit diesen kurzen Kapiteln das »Rätsel Radioaktivität« generell gelöst sein könnte. Die Vielschichtigkeit der Sachzusammenhänge verlangt, daß in einer weit verzweigten Erkenntnisarbeit Fragen und Antworten differenziert und weiterentwickelt werden. Dazu möchten die vorliegenden Exkurse motivieren.

Unzweifelhaft läßt sich an manchen Einzelheiten der Darstellung, wenn sie herausgenommen und isoliert aufgespießt werden, Anstoß nehmen. Details werden anfechtbar erscheinen und Widerspruch erregen.

Insofern dadurch ein Gespräch zustandekommt, das den Fortschritt der Wissenschaft belebt, liegt dieser Effekt ganz im Sinn der angestrebten An- (und Auf-)regung. Nur sollte man berücksichtigen: Der Streit um Einzelheiten führt leicht dahin, daß die Kontrahenten nur ihr eigenes Mißverständnis dessen, was der andere gemeint habe, bekämpfen – wenn nämlich der Kontext des Ganzen aus dem Auge verloren wird.

Deshalb darf am Ende noch einmal die Gesamt-Intention klar herausgestellt werden:

Die einzelnen Abschnitte sind nicht als selbständige, in sich geschlossene Aussagen vorgebracht. Sie haben ihren Sinn im Zusammenhang der Aufeinanderfolge. Der Leser, der den Gedankenschritten folgt, macht einen Rundgang, bei dem er den zur Rede stehenden Gegenstand in immer neuen Richtungen in wechselnden Beleuchtungen betrachtet. So ergibt sich allmählich ein Gesamteindruck, dessen einzelne Komponenten sich gegenseitig stützen und erklären. Die Vielfalt der Phänomene wird auf diese Weise überschaubar; auch früher oder später hinzukommende neue Aspekte lassen sich in das Panorama einordnen.

Der Gang vom »Urphänomen« über das »Weizenkorn« und die »keimende Christus-Erde« bis zum »Sinn des Altars« und dem »Umgang mit dem Bösen« in unserer Zeit ist ein in sich gerundeter Stationenweg. Wer seine Meditation der brennenden Zeitprobleme an ihm entlangbewegt, der wird dazu geführt, auf *die religöse Dimension der Fragen des Atomzeitalters* aufmerksam zu werden. Das aber ist ein heute notwendiger Erkenntnisschritt. Er ist die Voraussetzung dafür, daß an der Zukunft von Menschheit und Erde aufbauend und zielstrebig gearbeitet werden kann.

Eine reale Hoffnung in dieser Richtung zu begründen – dazu wurden diese Zeilen niedergeschrieben.

Anmerkungen

1 Der Leser, der sich näher für diese Zusammenhänge interessiert, sei auf die schöne Abhandlung »Ein Maß aller Dinge« von Ulrich Leyde in: Die Christengemeinschaft, Jg. 1979, S. 391, aufmerksam gemacht.

2 Beiläufig soll hier noch auf folgende Merkwürdigkeiten hingewiesen werden: Das Metall Blei wird sowohl nach alter Überlieferung als auch durch neuere Bildekräfteforschungen (L. Kolisko) dem Planeten Saturn zugeordnet. Saturn spielt im Sonnensystem – wie Blei im Periodensystem – die Rolle einer Grenzmarke, die ein inneres Gebiet als Lebensraum von einem fernerliegenden Äußeren abtrennt. Saturn ist der letzte eigentliche Planet; die transsaturnischen Mitglieder des Systems zeigen durch stark abweichende Eigenarten in Rotation und Bahnelementen an, daß sie »Zugereiste« sind, die nicht ursprünglich zur »Familie« gehören, vielmehr später »adoptiert« wurden. Tatsächlich deuten gewisse Ergebnisse der jüngsten Satellitenforschung darauf hin, daß unser Planetensystem hinter der Saturnsphäre von einer Hülle (»Haut«) gegenüber dem ferneren Weltall abgegrenzt sein könnten. Inwiefern ein echter wesenhafter Zusammenhang zwischen der Grenzgeberfunktion von Saturn (im Sternenall) und Blei (im Stoffeskosmos) besteht – dies im Genaueren herauszuarbeiten, dürfte lohnend sein; diese Anmerkung sei gemacht, um den interessierten Leser zur weiteren wissenschaftlichen Meditation darüber anzuregen. Naheliegenderweise wurden auch die ersten Benennungen für neuentdeckte Elemente jenseits von Blei dem platonischen Bereich außerhalb von Saturn entnommen: Uran (92) von Uranus, Neptunium (93) von Neptun, Plutonium (94) von Pluto. Hiermit erschöpfte sich allerdings der Vorrat an himmlischen Namen; man ging dann über zu Anlehnungen an berühmte Forscher wie Curium (96) und Einsteinium (99) oder Forschungsstätten wie Berkelium (97) von Berkerley oder Californium (98).

3 Vgl. Walter Stempell: Die unsichtbare Strahlung der Lebewesen (mitogenetische oder Organismusstrahlung). Verlag Gustav Fischer, Jena 1932. Es muß hier Sorgfalt auf die Verwendung der richtigen Begriffe und Benennungen verwendet werden. Die Bezeichnung »Organismusstrahlung« oder gar »Keimstrahlung« suggeriert eine freundliche, lebensfrohe

Grundempfindung, die zu Mißverständnissen Anlaß geben könnte. Vielleicht würde man das Phänomen sachgerechter beschreiben, wenn man die emittierte Strahlung als eine Art »Moderleuchten« auffaßte. Der Blick wäre dann auf den Zusammenhang mit den Zerfallsprozessen gerichtet. Dieser Aspekt wird bestätigt und untermauert durch die neueren Forschungsergebnisse über die »ultraschwache Zellstrahlung«, die Fritz-Albert Popp in seiner »Biologie des Lichts« vorlegt. Dort ist wiederholt von dem Phänomen die Rede, daß die genannte Strahlung »drastisch ansteigt, wenn die biologischen Systeme zu sterben beginnen«. Im Naturvorgang sind ja Absterben (der alten Samenhülle) und Aufleben (des neuen Keims) nicht getrennt; sie sind Glieder eines einheitlichen Lebensganzen. Es ist wie bei einer Münze: Vorder- und Rückseite können sehr unterschiedliche Prägungen aufweisen, dennoch gehören beide zur übergeordneten Gestalt. So darf der Begriff des Lebens nicht vorschnell zu eng gefaßt und damit in vermeintlichen Gegensatz zum Sterben gestellt werden. »Stirb und Werde« sind einander ergänzende Ausdrucksformen des übergeordneten »Lebens«. Die Strahlung, die am keimenden Samen beobachtet wird, gehört dem Doppelvorgang des Stirb und Werde als Begleiterscheinung an. Gedanklich klarer ist es aber, sie als Verwesungsstrahlung zu begreifen, weil damit der Zusammenhang mit den Zerfallsvorgängen herausgestellt wird. Daraus ergibt sich dann die sinnvolle Entsprechung, die natürliche Radioaktivität in ihrer Verknüpfung mit dem Materiezerfall als Alterungs- und Verwesungszeichen der Stoffeswelt zu erkennen. Man könnte sie im übertragenen Sinne als »Modergeruch« der Erde ansprechen.

4 Eine erschütternde Darstellung findet diese Geschichte in dem Film »Das Uran gehört der Regenbogenschlange – Gewerkschaft und schwarze Australier im Kampf um das Uran«, Co. Produktion Teldok Film.

5 Vgl. Max Thürkauf: Pandorabüchsen der Wissenschaft, Freiburg 1973.

6 Vgl. Georg Blattmann: Die Sonne – Gestirn und Gottheit, Stuttgart 1972. Die Wortprägung »Sonnen-Äther-Aura« wurde von Hermann Beckh in seiner Übertragung eines altpersischen Sonnenhymnus für »Ahura Mazdao« gefunden.

7 Dieser Aspekt wurde besonders hervorgehoben von dem Physiker Bodo Hamprecht in der Wochenschrift »Das Goetheanum« vom 2.8.1981 und, von einem anderen Blickpunkt aus, im Sonderheft »Radioaktivität« der Zeitschrift »Die Drei«, das anläßlich der Katastrophe von Tschernobyl im Juni 1986 erschien.

8 Hier wäre eine entsprechende Begriffserklärung wie in Anm. 3 vorzunehmen: Man sollte nicht kurzschlüssig Christus mit eng gefaßten Lebensbegriffen in eins sehen. In Christus begegnet uns das »Stirb und

Werde« als Doppelwirklichkeit. Sein umfassendes Gottesleben enthält »Sonnentod und Sonnenleben« als Komponenten eines zusammengehörigen Ganzen. Das spricht sich auch darin aus, daß die Tat von Golgatha in der Doppelgestalt von Karfreitag und Ostern erscheint. Es sind die beiden Gesichter, die das eine Ereignis zeigt. Zwischen den beiden »Polen« herrscht größtmögliche Spannung, trotzdem oder gerade deswegen ist eins ohne das andere nicht vollständig. Man darf die Gegensätze nicht gegeneinander ausspielen, sonst gibt es eben – einen Kurzschluß.

9 Siehe die ausführliche Darstellung von Emil Bock: Die drei Jahre, Stuttgart 1981

10 ebenda

11 Die heute gängige Ansicht geht sogar dahin, daß die Radioaktivität gegenwärtig bereits in einer abklingenden Phase ihrer Wirksamkeit begriffen sei, nachdem sie in früheren Zeitaltern in viel stärkerem Grade vorhanden gewesen sei.

12 Hier ist es angebracht, einen Bericht mit einzubeziehen, der über ein diesbezügliches Gespräch mit Rudolf Steiner von Ludwig Graf von Polzer-Hoditz gegeben wurde. In seinen autobiographischen Aufzeichnungen schildert dieser, wie er beim gemeinsamen Besuch einer radioaktiven Quelle nahe seinem Gut Tannbach bei Gutau im unteren Mühlviertel (Österreich) von Rudolf Steiner darauf aufmerksam gemacht wurde, daß Radioaktivität erst seit dem Mysterium von Golgatha in der Erde sei. Früher hatte Rudolf Steiner auch schon ähnliche Hinweise gegeben. In einem Vortrag in Berlin am 5. Oktober 1905 sagt er, daß es Radioaktivität »erst seit einigen Jahrtausenden« gibt, siehe: Grundelemente der Esoterik, Bibl.-Nr. 93 a. Vgl. hierzu auch das in diesem Zusammenhang von Peter Tradowsky in seinem Buch »Kaspar Hauser« Ausgeführte (Dornach 1980, S. 121 ff.)
Dabei sollte klargestellt sein, daß diese Vorstellung – so wie der Gesamtzusammenhang des hier Ausgeführten – nur auf die natürliche Radioaktivität der überschweren Elemente bezogen werden. (Die natürliche Radioaktivität der leichten Elemente – Wasserstoff, Kohlenstoff – ist von der Genese und Qualität her, auch wenn dies die Schulphysik noch nicht so sieht, von völlig anderer Wesensart. Darüber müßte eine eigene Untersuchung angestellt werden, die aus dem hier behandelten Thema herausführt.)

13 Vgl. die Darstellung von Erdmut-Michael Hoerner in der Zeitschrift »Die Christengemeinschaft«, 47. Jg. 1975, Heft 5, 6 und 7 sowie Georg Blattmann: Das 20. Jahrhundert im Aufbruch zu Christus, Stuttgart 1980, Kapitel »Brotgetreide und Weinstock«.

14 Vgl. hierzu Emil Bock: Die drei Jahre, Stuttgart 1981, Kapitel 10 »Die Ereignisse der Karwoche«.

15 Eine ausführliche Darstellung und Begründung findet man in der aufschlußreichen Schrift »Grundlagen der Potenzerforschung« von Theodor Schwenk, Weleda-Verlag, Arlesheim/Schweiz – Schwäbisch Gmünd 1954.

16 Anschauliches Bildmaterial hat L. Kolisko in ihrer Schrift »Spirit in Matter« vorgelegt. Siehe dort Abschnitt VI: »The Great Festivals of the Year and their Reflection in Scientific Experiments«.

17 Die große Zahl seiner Einzelangaben zu sammeln, abzuwägen und mit den herrschenden Meinungen der Zeit in Beziehung zu bringen, stellt eine eigene Aufgabe dar, welcher sich insbesondere zwei spezielle Schriften widmen, auf die hier hingewiesen sein soll: Georg Unger: Kernenergie und Geisteswissenschaft, Dornach 1979; Stefan Leber: Atomtechnik und Anthroposophie, Stuttgart 1982.

18 Genauer beschäftigen sich mit dieser Begriffsbildung Bodo Hamprecht, Stefan Leber und Georg Unger.

19 Titel eines Fischer-Taschenbuchs (1977) mit Beiträgen von Ewald Gaul, Herbert Gruhl, Werner Georg Haverbeck, Bodo Manstein, Holger Strohm.

20 Vgl. die geniale romanhafte Vision von Günther Schwab, dem österreichischen Begründer des »Weltbundes zum Schutze des Lebens«: Der Tanz mit dem Teufel (1968) sowie das spätere Werk: Des Teufels sanfte Bombe (1980).

21 Vgl. Jonathan Schell: Das Schicksal der Erde. Gefahr und Folgen eines Atomkriegs. München 1982

22 Auf prägnante Art wurde dieser Aspekt neuerdings belegt durch das Ergebnis einer im Regierungsauftrag angefertigten Studie über »Die Zukunft von Energie, Wirtschaft und Gesellschaft«. Die Professoren Klaus Michael Meyer-Abich und Bertram Schefold zeigen »Die Grenzen der Atomwirtschaft« (Titel des Buches) gerade dort auf, wo dieser »Energiepfad« das Gebiet des »Sozialverträglichen« radikal verläßt. Hier liegt das entscheidende Argument für eine wissenschaftlich begründete Ablehnung der Atomwirtschaft.

23 Man muß die einprägsame Schilderung der Einzelheiten in Robert Jungks »Atomstaat« selbst nachlesen, um die ganze grausige Schrecklichkeit des dämonischen Programms und die Besessenheit seiner Verfechter zu ermessen.

24 Veröffentlicht im »manager-magazin« Nr. 7/80; vgl. die Besprechung durch Georg Dreißig in »Die Christengemeinschaft«, 1981, Heft 3.

25 Erstmals veröffentlicht 1962 im Verlag »Die Arche«, Zürich. Zitat nach der Neufassung 1980, Diogenes Verlag, Zürich.

26 Zitiert aus Herbert Pietschmann: Das Ende des naturwissenschaftlichen Zeitalters, Wien – Hamburg 1980, Kapitel 12 »Die Zeitenwende«.

27 Siehe Leonardo Sciascia: La scomparsa di Majorana, 1975 bei Einaudi editione s.p.a., Turin; deutsche Ausgabe: Der Fall Majorana, Stuttgart 1978 (dieser Ausgabe sind die Zitate in den folgenden Abschnitten entnommen); später auch als Ullstein-Taschenbuch.

28 Valore delle leggi statistiche nella fisica e nelle scienze sociali, 1937.

Literatur

Atomphysik, dtv-Atlas zur, München 1980

Bindel, Ernst/Blickle, Arnold: Zahlengesetze in der Stoffeswelt und in der Erdentwicklung. Sonderdruck aus: Beiträge zur Substanzforschung Bd. 1, Hybernia Verlag, Dornach/Basel und Stuttgart 1952

Blattmann, Georg: Die Sonne – Gestirn und Gottheit. Verlag Urachhaus, Stuttgart 1972

Blattmann, Georg: Strahlende Materie. Atomenergie und die Zukunft der Erde. Das wahre Geheimnis der Materieverwandlung. Verlag Urachhaus, Stuttgart 1979

Blattmann, Georg: Das 20. Jahrhundert im Aufbruch zu Christus. Verlag Urachhaus, Stuttgart 1980

Bock, Emil: Die drei Jahre. Beiträge zur Geistesgeschichte der Menschheit Bd. 6. Verlag Urachhaus, Stuttgart 1981

Cloos, Walther: Lebensstufen der Erde. Beiträge zu einer organischen Gesteins- und Mineralkunde. Novalis Verlag, Freiburg i. Br. 1958

Cloos, Walther: Was ist die natürliche Radioaktivität in Wirklichkeit? Aufsatz in »Die Kommenden«, 33. Jg./10. 1. 1979

Curie, Eve: Madame Curie. Fischer Taschenbuch Nr. 7 (1952)

Dreißig, Georg: »Ich habe nur zu Ende gedacht«. Anmerkungen zum Weizenbaum-Interview (manager-magazin 7/80) in »Die Christengemeinschaft«, Heft 3/1981

Dürrenmatt, Friedrich: Die Physiker. Diogenes Verlag, Zürich 1980

Fischer, Ernst Peter: Niels Bohr. Die Lektion der Atome. Serie Piper 5226, München 1987

Groueff, Stephane: Projekt ohne Gande. Das Abenteuer der amerikanischen Atomindustrie. Bertelsmann Sachbuchverlag, Gütersloh 1968

Hamprecht, Bodo: Aufsätze in »Die Drei« (Juni 1986) und »Das Goetheanum« (August 1981)

Haverbeck, Werner Georg: Die andere Schöpfung. Technik – ein Schicksal von Mensch und Erde. Verlag Urachhaus, Stuttgart 1978; Fischer-Taschenbuch, Reihe »Perspektiven der Anthroposophie«

Heisenberg, Werner: Der Teil und das Ganze. Gespräche im Umkreis der Atomphysik. dtv-Taschenbuch Nr. 903, München 1981

Hoerner, Erdmut-Michael: Aufsätze in »Die Christengemeinschaft«, Heft 5, 6, 7/1975

Jungk, Robert: Der Atomstaat. Vom Fortschritt in die Unmenschlichkeit. Kindler Verlag, München 1977

Kolisko, L.: Spirit in Matter. A Scientist's Answer to the Bishop's Queries. Issued by Kolisko Archive, Edge, Stroud, 1948

Leber, Stefan: Atomtechnik und Anthroposophie. Reihe »Zeichen der Zeit« Verlag Freies Geistesleben, Stuttgart 1982

Lummer, Otto: s. Vierzig Jahre Kernspaltung

Manstein, Bodo (Hrsg.): Atomares Dilemma. Mit Beiträgen von Ewald Gaul, Herbert Gruhl, Werner Georg Haverbeck, Bodo Manstein und Holger Strohm. Fischer Taschenbuch Verlag, Frankfurt 1977

Meyer-Abich, Klaus Michael/Schefold, Bertram: Die Grenzen der Atomwirtschaft. Die Zukunft von Energie, Wirtschaft und Gesellschaft. Mit einer Einleitung von Carl Friedrich von Weizsäcker. C.H.Beck Verlag, München 1986

Nordmeyer, Barbara: Zeitgewissen. Verlag Urachhaus, Stuttgart 1980

Pietschmann, Herbert: Das Ende des naturwissenschaftlichen Zeitalters. Paul Zsolnay Verlag, Wien, Hamburg 1980

Polzer-Hoditz, Ludwig Graf von: Erinnerungen an den großen Lehrer Rudolf Steiner. Prag 1937. Erweiterte Neuauflage, Phil.-Anthroposophischer Verlag, Dornach 1985

Popp, Fritz-Albert: Biologie des Lichts. Grundlagen der ultraschwachen Zellstrahlung. Verlag Paul Parey, Berlin-Hamburg 1984

Schell, Jonathan: Das Schicksal der Erde. Gefahr und Folgen eines Atomkriegs. Piper Verlag, München 1982

Schütze, Alfred: Das Rätsel des Bösen. Fischer Taschenbuch 5511, 1982 (In früheren Auflagen beim Verlag Urachhaus hieß der Titel zuerst »Das Doppelantlitz des Bösen«)

Schwab, Günther: Der Tanz mit dem Teufel. Adolf Sponholz Verlag, Hameln 1968

Schwab, Günther: Des Teufels sanfte Bombe. Adolf Sponholz Verlag, Hameln 1980

Schwenk, Theodor: Das sensible Chaos. Verlag Freies Geistesleben, Stuttgart 1980

Schwenk, Theodor: Grundlagen der Potenzforschung. Weleda-Verlag, Arlesheim/Schwäbisch Gmünd 1954

Sciascia, Leonardo: La scomparsa di Majorana. Einaudi editione s.p.a., Torino 1975. Deutsch unter dem Titel »Der Fall Majorana«. Seewald Verlag, Stuttgart 1978. Später als Ullstein-Taschenbuch.

Steiner, Rudolf: Die geistige Führung des Menschen und der Menschheit. Bibl. Nr. 15, Rudolf Steiner Verlag, Dornach
Stempell, Walter: Die unsichtbare Strahlung der Lebewesen (mitogenetische oder Organismusstrahlung). Verlag Gustav Fischer, Jena 1932
Thürkauf, Max: Pandorabüchsen der Wissenschaft. Das Geschäft mit dem Energiehunger. Verlag Die Kommenden, Freiburg i. Br. 1973
Tradowsky, Peter: Kaspar Hauser. Phil.-Anthroposophischer Verlag, Dornach 1980
Unger, Georg: Kernenergie und Geisteswissenschaft. Phil.-Anthroposophischer Verlag, Dornach 1979
Vierzig Jahre Kernspaltung. Eine Einführung in die Originalliteratur. Herausgegeben von Horst Wohlfahrt. Wissenschaftliche Buchgesellschaft, Darmstadt 1979 (Zitat im Abschnitt »Das Urphänomen« aus der Einleitung von Horst Wohlfahrt resp. dem Aufsatz von O. Lummer: Physikalische Beobachtungen in der Natur. Nr. 3 (1912))
Weizenbaum, Joseph: Die Macht der Computer und die Ohnmacht der Vernunft. suhrkamp taschenbuch wissenschaft 274, Frankfurt 1978
Wilson, Jan: Eine Spur von Jesus. Herkunft und Echtheit des Turiner Grabtuchs. Verlag Herder, Freiburg i. Br. 1980
Zeitschriften: Das Goetheanum. Wochenschrift für Anthroposophie. Dornach
Die Christengemeinschaft. Monatsschrift zur religiösen Erneuerung. Stuttgart
Die Drei. Zeitschrift für Wissenschaft, Kunst und soziales Leben. Stuttgart
Die Kommenden. Eine unabhängige Zeitschrift für geistige und soziale Erneuerung. Freiburg i. Br. und Schaffhausen